AF453991

À Romain Rolland

pour augmenter la musique du souvenir
a témoignage de profonde estime
et de respect

Jacques Reboul

UN GRAND PRÉCURSEUR

DES ROMANTIQUES

RAMOND

Paris - Octobre

*DU MÊME AUTEUR :*

LES FLORIDA - Paris - Sansot - 1907 - un vol. in-8°

❦ ❦

Études ayant trait aux sources lyriques de notre littérature :

**Une forme galloise de la légende de Parsifal,**
(*Mercure Musical* - 2e année, nos 19-20, 1906).

**Le lyrisme du « Tristan » et l'adultère médiéval,**
(*Revue des Lettres et des Arts* - Février 1908 - *épuisé*).

**La Culture française et les nations étrangères,**
(          *ibid.*          Janvier 1909).

❦ ❦

Pour paraître prochainement :

LA COMÉDIE DE LA MORT, roman.

JACQUES REBOUL

# UN GRAND PRÉCURSEUR

## DES ROMANTIQUES

# RAMOND

(1755-1827)

---

ÉDITION

DE

*La Revue des Lettres et des Arts*

NICE

*A J. V.*

UN PETIT LIVRE BREF

— UNE AFFIRMATION DE NOTRE FOI COMMUNE DANS L'AVENIR

ÉTHIQUE DE NOTRE RACE —

*est dédié.*

Paris — Mai-Juillet
MCMIX

## *AVERTISSEMENT*

C ETTE étude ne prétend pas annuler, ou compléter, celle
qui a paru, sous la signature de Sainte-Beuve, dans le
*Moniteur Universel* des 4, 11, 18 septembre 1854, réimpri-
mée depuis dans ses *Lundis* et partiellement dans les
*Extraits* des *Causeries* de M. Lanson en 1900. Elle est
conçue dans un esprit différent. Sainte-Beuve avait fait
connaître « Ramond, le peintre des Pyrénées ». Il ne pouvait, à courte distance apercevoir la situation singulière
de ce précurseur dont beaucoup d'inspirations ne sont
encore même pas réalisées. Sainte-Beuve a traité d'un
bel écrivain en littérateur de goût : il reste encore à rendre justice à *l'individu*, au penseur représentant d'une
forme de culture qui se peut qualifier essentiellement
*française*.

Ajoutons que l'article des *Lundis* ne paraît pas avoir
porté grand bonheur à Ramond, puisque M. Lanson lui-
même, dans son *Histoire* bien connue *de la Littérature
française* (Hachette, 1898) le passe complètement sous
silence. Bien des dictionnaires, même spéciaux, l'ignorent [1].

J. R.

1. Nous devons faire cet aveu humiliant pour la curiosité intellectuelle
de nos compatriotes que, dans bien des ouvrages de Ramond que nous
avons, à grand peine, consultés, dans l'exemplaire des *Voyages au Mont
Perdu* de la Sorbonne en particulier, les pages, cent huit ans après,
n'étaient pas encore entièrement coupées.

# BIBLIOGRAPHIE

I

## Œuvres de Ramond imprimées de son vivant :
*(L'astérique indique un ouvrage anonyme)*

* **Les dernières Aventures du jeune d'Olban, fragment des Amours Alsaciennes.** — Yverdon 1777, petit in-8°.

2ᵉ Edit. avec une notice de Ch. Nodier. Paris, Techener, 1829, in-12.

* **Elégies.** — Yverdon 1778, petit in-8°.

Ces deux œuvres ont été insérées par Dorat dans le *Journal des Dames*, arrangées au goût du temps, respectivement en Octobre 1777 et en Avril 1778, sous le titre *Amours d'un jeune Alsacien.*

Bibliothèque Nationale. Collection Ristelhueber. Cote 8° Yᵉ 6.010 (les deux volumes en un seul).

Bibliothèque de Strasbourg.

* **La Guerre d'Alsace, pendant le grand Schisme d'Occident, terminée par la mort du vaillant comte Hugues, surnommé le soldat de Saint-Pierre,** drame historique en cinq actes, en prose. Bâle, Thurneisen, 1780, in-8°.

Bib. Nat. 8° Yᵗᵈ 30.495.

Institut. Collect. Barth : 8° 655.

Bibl. de Strasbourg.

**Id.**, *traduction allemande.* — Bâle, 1780.

* **Lettres de M. William Coxe à M. W. Melmoth sur l'état politique, civil et naturel de la Suisse, traduites de l'anglais et augmentées des observations faites par le traducteur dans le même pays.** — Paris, Belin, 1781, 2 vol.

Bib. Nat. 8° M 16.496, 16.497.

**Id.** — Paris, Belin, 1782 et 1789.

* **Observations faites dans les Pyrénées pour servir de suite à des observations sur les Alpes, insérées dans une traduction des lettres de W. Coxe sur la Suisse.** — Paris, Belin, 1789, in-8°.

Bib. Nat. 8° S. 20.270, 20.271.

Institut. 8° rec. D M 1216 et S. 179*.

**Id.**, *traduction allemande.* — Strasbourg 1789 :

*Beschreibung der französischen u. Spanischen Pyrenäen.*
2 th. — Strasburg 1789, Hinrichter in Leipzig, 2 ß. — Cf.
Kayser, *Bücher Lexicon*, 1834.

**Id.** — Liège, Dumoulin, 1792, in-8°.

*** Opinion énoncée à la Société de 1789 sur les lois
constitutionnelles, leurs caractères distinctifs, leur ordre
naturel, leur stabilité relative, leur revision solennelle.**
— Paris, 1791. 8° de 60 pp.

Bib. Nat. 8° L^b 40, 846.

Institut. 8° G. X 1997 (T. 10, n° 3).

*** Voyages au Mont-Perdu et dans la partie adjacente
des Hautes-Pyrénées.** — Paris, Belin, 1801, in-8°, cinq
planches, 5 fr.

Bib. Nat.

Sorbonne. 8° H Ve 247.

Institut. H R. 13 (I, II, n° 3).

*** Lettre à M. Chateaubriand sur deux chapitres du
« Génie du Christianisme ».** — Genève et Paris. Pas-
choud, br. in-8°, 1 fr. 20 c.

(Cette brochure intéressante n'a pas encore été retrouvée.)

*** Naturel et Légitime (lettre du Solitaire des Pyrénées à M. D...)** se trouve chez tous les marchands de
nouveautés. Paris. An XII (1804), br. — De l'Imprimerie Nationale (?).

(Cet ouvrage, attribué quelquefois à Barrère de Vieuzac,
est probablement l'œuvre de Ramond. Son petit-fils
observe justement que l'initiale *D* est celle même du nom
de *Dacier*, beau-père de l'écrivain.)

Bib. Nat. L^b 46.373 et 373 ^A.

**Id.** — Paris, Maradan. An XIII.

*** Légitime et Nécessaire,** lettre d'un solitaire de Paris
au solitaire des Pyrénées. — Paris. An XII (1804). 8° br.

(Cette brochure signalée en particulier par Guérard
(*France littéraire*) n'a jamais été retrouvée. Elle paraît
faire double emploi avec la précédente. Le B^on Paul Ramond tient son existence pour suspecte.)

**Discours prononcé à l'ouverture du Lycée de Clermont par le préfet du département du Puy-de-Dôme.** 8 février 1808. — Clermont-Ferrand, br. in-8°.

Bib. Nat. 8° Rp. 1390.

**Mémoires sur la formule barométrique de la mécanique céleste et les dispositions de l'atmosphère qui en modifient les propriétés, augmentées d'une Instruction élémentaire et pratique destinée à servir de guide dans l'application du baromètre à la mesure des hauteurs. —** Clermont-Ferrand, de l'imprimerie de Landriot, 1811, in-4°, 12 fr.

(V. Mémoires de l'Institut.)

Bib. Nat. Inv. V. 7699.

Bib. de l'Arsenal. 9301 bis in-4° S. A.

Institut. H. R. S., T. 34, n° 2.

I bis

## Mémoires, articles de revues, extraits, etc.

**Lettre de M. Ramond, membre de la Société de 1789, au rédacteur du Journal. —** Paris, 1790.

Institut. 8° rec. X. 744° (n° 5 p. 42 du *Journal de la Société de 1789*).

**Note** lue le 27 déc. 1800 à la classe des Sciences phys. et math. *Variété de Ranunculus aquatilis.*

Institut.

**Mémoire sur la mesure des hauteurs ; — De la cristallisation des granits,** 1801. — *Journal de Physique,* 1805.

Institut.

**Observations faites au sommet du Mont-Perdu. —** Paris, an X, in-4°.

Institut. Voy. AA 33 (tome 17, n° 7, p, 27).

**Voyage au sommet du Mont-Perdu. —** 1803.

Institut. 8° M. 1.063 (T. 14, p. 32 du *Journal des Mines*).

**Voyage au sommet du Mont-Perdu. —** Annales du Muséum d'Histoire Naturelle, 1804, T. III.

Institut.

**De la végétation des montagnes.** id. I. IV 1804.

Institut.

**Rapport sur les basaltes de Saxe.**

Institut. 8° M. 1.684.

**Mémoire sur les neiges teintées en rouge que l'on rencontre dans les hautes montagnes.**

Institut. A. A. 33.

**Divers Mémoires sur la mesure des hauteurs.** — 1806, 1808, 1809.

Institut.

**On the vegetation of high mountains** translated from a Paper of M. Ramond's in the *Annales du Museum* V. 4. p. 195 by Richard Anthony Salisbury Esq. F. R. S. etc.

Read, April 2, 1811. London, 1812, in-4°.

Institut. — Rec. AA 50ᵈ. Tome I. Appendix p. 15.

**Applications des nivellements.... Puy-de-Dôme.**

             **Id.              Mont-Dore.**

Institut, 1815.

**Mémoire sur l'état de la végétation au sommet du Pic du Midi de Bagnères.** — *Annales du Muséum* d'Hist. Nat. t. XIII, 1825, et au t. VI du recueil de l'Académie des Sciences, 1827.

Institut. D. M. 338. r. V. n° 13.

#### Cf. en outre :

« **Lettre lue à l'Institut le 21 Vendémiaire An VI** ; Bulletin de la Société Philomatique n° 8 ; Journal des Mines n° 37 ; Journal d'histoire naturelle de Bordeaux, t. II, n° 7, et les **Mémoires** lus à l'Institut national, messidor, an VI, germinal et floréal, an VIII » (cités par Ramond en 1801 : *Voyages au Mont-Perdu*) ; en outre, divers articles de minéralogie dans le *Dict. des Sciences naturelles*, etc., etc.

## II

### Œuvres de Ramond publiées après sa mort :

**Lettres inédites** de M. Ramond, membre de l'Institut, adressées à M. Roger La Cassagne, à Valentine (Haute-

Garonne), contenant un coup d'œil général et de comparaison sur les Alpes et les Pyrénées, leurs productions,
leurs lacs et leurs flores, l'état de leurs chaînes, la forme
de leurs vallées, la diversité du climat, l'origine, la religion, les mœurs et caractères des habitants. — Toulouse,
Devers, 1834, in-8° de 48 p.

Bib. Nat. Inv. G. 32.368.

**Œuvres complètes...** — Paris, Plon, 1847, in-8°.

Cette édition, entreprise aux frais du Baron Louis
Ramond, avocat, fils de l'écrivain, ne fut pas poursuivie.
Un seul volume a été imprimé, contenant les *Observations barométriques*. La Bib. Nat. (Inventaire, Réserve
2619) ne possède que huit bonnes feuilles de l'ouvrage :
128 p. — Un exemplaire complet de 433 p. est en la possession du B^on Paul Ramond.

**Lettres inédites** de Ramond Strasbourgeois, membre
de l'Institut, surnommé le peintre des Pyrénées, publiées
et annotées par Ph. Tamizey de Larroque. Toulouse 1893,
in-8°.

Bib. Nat. 8° Z. pièce 1361.

Institut : rec. S. 437 (n° 5).

**Une autobiographie du Baron Ramond** (d'après les
fonds Cuvier de l'Institut). *Journal des Savants*. Mars 1905.

## III

### Écrits concernant Ramond

— *Notice des travaux du cit. Louis Ramond demandant
une place à l'Institut*. 1801-02.

Institut. H R. S (t. 7, n° 24).

— Billet de faire part du mariage de M. Ramond avec
M^me V^ve Cherin (née Dacier).

Institut. 4° H R S*. T. XIII, n° 12 (legs Hozerd).

— Billet de décès de M. le baron Ramond. 16 mai 1827.

Institut. T. 68 in-4° H R S*.

— Funérailles de M. le baron Ramond. Paris 1827.

Bib. de Strasbourg.

— Billet de décès de M^{me} la baronne Veuve Ramond, née Antoinette-Bonne-Olympe Dacier.

Institut 4° H R 50 (n° 17).

*Eloge historique* de Louis François Elisabeth, baron Ramond, Conseiller d'Etat honoraire, commandeur de la Légion d'honneur, membre de l'Académie des Sciences, de l'Académie de Médecine et de plusieurs autres Sociétés savantes, par M. le baron Cuvier, secrétaire perpétuel. Paris, 1828-29, in-4°.

Institut. AA, 34ª (t. VII, n° 38, p. 1) et 3 autres exemplaires.

Bib. Nat. et Bib. de Strasbourg.

Recueil des *Portraits* de l'Institut. — Lithographies de Boissy. Paris, Blaisot.

Institut. 4° N. S. 1.039, n° 11. Don Pingard.

**MSS. au fonds Cuvier de l'Institut** (carton H, liane 22. — Au catalogue spécial :

*139.* Ramond : Projet d'une notice de l'histoire de la minéralogie depuis 1789. Lettre du 21 messidor, an XII.

*154.* Notes et documents pour l'éloge de Ramond, 1829: — 2-6, Notes anonymes sur Ramond ; 7, Autobiographie (v. p. h.) ; 8, Lettre de Saint-Amans ; 9, Copie des pièces de l'affaire du collier à laquelle Ramond fût mêlé.

*221.* — 3, Ramond, sur les ossements du Mont-Perdu.

*223.* — 19, id.

*225.* — 28, Une lettre d'affaires de Ramond.

*250.* — 43, Lettre de la baronne veuve Ramond à Cuvier au sujet de l'éloge de son mari.

*Le Moniteur Universel*, 4, 11, 18 septembre 1854. Art. de Sainte-Beuve et *Causeries* X. 1855, p. 362.

*Nouvelle bibliothèque populaire à 10 centimes*, Henri Gautier, 55, quai des Grands-Augustins, Paris, n° 355 (p. 217-252). Ramond : *Les Pyrénées* (fragments avec une préface.

*Le Soleil.* 7 août 1902. art. de Furetières : *le Baron Ramond*, à propos de l'érection à Bagnères de Bigorre du buste de Ramond sous les auspices de la Société Ramond, du B^{on} Paul Ramond, son petit-fils et de M. Emile Marchand.

Les divers *Bulletins* de la *Société Ramond*, fondée en

1865 ; le livre de M. Pée-Laby : *Ramond botaniste*, Paris 1892 (Bib. Nat. — Bib. de Strasbourg) ; l'ouvrage précieux de M. Beraldi : *100 ans aux Pyrénées*, fourniront également au chercheur des renseignements intéressants. (Cf. pour tout ce qui regarde le culte régionaliste du nom de Ramond le *bulletin* précité.)

**V. en outre :** Quérard : La *France littéraire* (t. VI p. 447 et particulièrement le T. XV, les anonymes. 1827.)

Barbier : *Dictionnaire des anonymes.*

Ludovic Lalanne : *Dict. historique* (art. Ramond) et surtout l'excellent article de la *Nouvelle Biographie générale de Didot*. 1866.

La Bibliothèque de l'Université de Strasbourg nous informe en outre qu'elle est en possession de l'édition suivante de la *Guerre d'Alsace :*

**Hugo der Siebente, Graf von Egisheim**. Regensburg 1781 et de deux ouvrages allemand sur Ramond :

Heymach : **Ramond de Carbonnières**. Mengeringhausen. 1887.

Spach : **Der Naturforscher Ramond de Carbonnières**. Strasburg u. I.

## APPENDICE

Titres nobiliaires de Ramond :

A l'*Armorial Général de l'Empire*, par Henry Simon 1812, t. 2. LV, 69. (Barons-Préfets).

« Ramond, préfet du Puy-de-Dôme, commandeur de la
« Légion d'honneur, membre de l'Institut de France,
« baron de l'Empire :

« Armoiries : *Ecartelé, aux premier et quatrième de
« gueules, à la croix cléchée, vidée et pommelée d'or ; au
« second et troisième d'azur, à la cloche d'argent, bataillée
« de sable ; franc-quartier de baron-préfet.* »

On trouve également à l'*Armorial général* 1661 (Bib. Nat. MSS.) Vol, 14. Toulouse-Montauban, p. 1060 :

« 136 — Ramond Laparre (ou La Parre) : *d'or à trois écrevisses de gueules posées en bandes.* »

Et aux *Blasons coloriés*. Languedoc II, p. 1437, la fig. du même.

Le Baron Paul Ramond, petit-fils de l'auteur des *Voyages au Mont Perdu*, ne croit pourtant pas qu'il s'agisse là de vrais ascendants de Ramond. Les papiers qu'il possède — recueillis par Ramond du Poujat, frère de l'écrivain, son grand oncle, lequel les avait trouvés lui-même dans la succession du Général Cherin, tué à Zurich en 1799, premier mari de la femme de Ramond — établissent une filiation différente. On sait que le Général Cherin était fils du célèbre héraldiste. Il n'y a donc que des raisons de se rallier à ses conclusions.

Elles établissent principalement que l'ortographe originale du nom est *Raymond* (v. une nombreuse famille de ce nom à l'*Armorial*). Au début du XVII<sup>me</sup> siècle, un Raymond qui ortographiait son nom *Raymond*, fut cause du changement de nom. Ramond se rattacherait ainsi à la descendance des comtes de Toulouse. (La croix cléchée des armoiries est la croix de Toulouse).

Ces biographies sont du reste d'accord pour dire son

père, Pierre Ramond, originaire du Midi de la France, de Montpellier ou d'Agen.

Le Baron Paul Ramond ne doute pas, avec l'aide des amis de sa famille, les Champollion, les de Jaucourt, et surtout l'appui moral de la *Société Ramond*, fondée en 1865, d'arriver à combler les lacunes qui existent dans la biographie de son illustre aïeul. (Outre des manifestations d'ordre extérieur, comme l'érection du monument de Bagnères, elle parait décidée à entreprendre prochainement une réédition des *Voyages au Mont-Perdu*). Les pièces qui n'avaient pas été détruites par les Cosaques en 1814, sont aujourd'hui en possession de l'unique descendant du naturaliste.

En 1870, le Baron Ramond, qui bien que très attaché au régime déchu (il a été précepteur du Prince Impérial, et garde de curieux souvenirs de son malheureux élève) servait dans l'armée de Paris, apprit que des soldats avaient ravagé la petite villa de Puteaux. Il s'y rendit en toute hâte, recueillit toutes les pièces qui s'évadaient des armoires éventrées et rentra à son poste. Une déception l'attendait au retour : faute d'un examen plus attentif des manuscrits, il se trouvait avoir rapporté des notes de blanchissage... Des recherches postérieures le rendirent pourtant maître de presque tout le précieux dépôt, en particulier de l'herbier magnifique de Ramond, dont quelques pièces seulement avaient été détruites. Le Baron Paul Ramond attache un grand prix, en particulier, à certaines notes *tachygraphiques* de la main de son grand-père, qu'il espère pouvoir parvenir à déchiffrer prochainement. Mais l'on ne saurait trop insister sur ce fait que les recherches commencent à peine et qu'aucun effort ne sera de trop pour pénètrer la malheureuse obscurité où se sont conjurés, et la malice des accidents physiques, et ce mystérieux volontaire donné par l'auteur à sa propre vie, et l'étendue décourageante de la production d'un seul homme.

J. R.

Depuis une dizaine d'années la découverte de Gérard de Nerval et de Gobineau a mis en valeur ce qui reste d'inexploré dans le riche fonds de notre littérature. La Table Ronde et Théophile redeviennent à la mode. Ce serait le moment de se demander si les tables d'influences et les classifications que nous ont léguées toute une génération de critiques, depuis Nisard et Sainte-Beuve lui-même, jusqu'à M. Brunetière sont aussi définitives qu'ils les ont pensées.

Sans doute ceux qui voient dans le *Discours de la Méthode* le premier monument déductif de notre langue ignorent bien remarquablement et l'œuvre de Ponthus de Tyard (*Prose de la Musique, Discours des parties et de la Nature du monde* (1555-57) et celles de Palissy (1557), de Salomon de Caus (*Institution harmonique*, 1615), et l'abondante production de Marin Mersenne. Le *Musicae compendium*, qui est peut-être une sottise, les dispense, au nom d'un principe, de la recherche des véritables initiateurs de notre science harmonique. — Les philosophes eux-aussi, à vrai dire, hommes avertis, qui déclarent en Leibnitz un animateur inégalé de l'intuition moderne, seraient bien surpris de retrouver les théories de la monade et de la dyade dans le livre de Johannes Froschius (Strasbourg, 1532), lequel ajoute : *haec fere Macrobius* [1]...

---

1. *Rerum musicarum opusculum rarum ac insigne totius eius negotii rationem mirà industrià et brevitate complectus, iam recens publicatum Ioan. Froschio Autore, Argentorati apud Petrum Schaeffer & Mathiam Apiarum. Anno Salutis MDXXXV.* (Bibl. de la Ville de Lyon).

C'est qu'en fait il n'y a d'invention absolue en aucune matière. Les esprits familiers avec certaines époques, la Renaissance, le temps de Léonard de Vinci en particulier, s'en sont déjà publiquement exprimés. Les définitions se laissent trahir par les individus. Le monde d'influences qui a toujours agité l'âme savante ou littéraire est trop nuancé pour qu'en tous temps des esprits originaux n'échappent aux formules : ce sont les plus riches d'avenir. Il y a lieu de réagir contre le doctrinaire qui dort en nous, adversaire de toute nouveauté, de toute vie, de nous approcher parfois de certaines hardiesses, de certaines extravagances, puisque la loi de l'esprit humain veut, dans sa restriction même, que ce soit ces folies qui nous ouvrent les portes de l'avenir.

Le danger est même plus grand de nous renfermer dans la contemplation indéfinie des « chefs-d'œuvre » — c'est-à-dire des œuvres qui se sont pour nous résolues en *normes locales*. Nous en laissons — à côté des fous-initiateurs — une quantité de penseurs de mérite dont le plus grand tort est d'avoir oublié de nous dire leur gloire. Nous fermons volontiers les yeux sur les individus qui ne sont pas conformes à notre idée du passé : ne vaudrait-il pas mieux avoir la sincérité de notre origine, de nos évolutions ? Nous *relevons* à peine du figé et du conventionnel que nous a octroyé après l'époque « classique » (c'est-à-dire la fin de notre réforme littéraire) l'attribution du caractère *latin* à notre langue et à notre littérature. En tant que classique pourtant, pour rappeler une image connue, c'est-à-dire au fond comme *imitateur* des Grecs à travers les Romains, le peuple français ne fait guère figure que « d'un petit parvenu qui « taquine son jabot d'apparat en dissimulant les « basques barbares de son vêtement. »

Il ne s'agit pas, il ne peut s'agir jamais, de *ren-*

*verser* une époque au profit d'une autre. La grandeur du génie de Molière suffit à la défense des caractères intellectuels de son milieu. Il ne s'agit pas de mettre en valeur des *siècles*. Pour tout homme soucieux de l'intérêt profond de l'existence, la vénération du passé national *dans sa totalité* a d'autres modes d'expression que Grimm, usant de nos bibliothèques, avait révélés dans son pays il y a bientôt plus d'un siècle et que nous ne désespérons pas de voir renaître ici même. L'archéologie, l'étude du folk-lore et de la mythologie sont du nombre, *mais aussi la connaissance simple de quelques écrivains remarquables que nous avons eu et qui sont oubliés.*

C'est pourquoi je ne désire pas démontrer que *Ramond* fut un « prodigieux novateur ». Trop de raisons mal observées nous démontrent au contraire que le romantisme qui paraît éclater comme un coup de foudre, tardif en France, à la suite des malheurs de la grande invasion, avait des sources plus probables dans la curiosité, le goût des voyages et l'orientalisme de la fin du XVIIe et de tout le XVIIIe siècle. Une filiation s'établit, non sans quelque vraisemblance, qui remonte par Chateaubriand, Ramond, Mlle de Lespinasse, le Prince de Ligne, Buffon, Bernardin de Saint-Pierre, Diderot, Rousseau, Lesage, Mme de Lafayette, Théophile de Viaud, d'Aubigné, jusqu'à l'avant-classicisme l'origine profonde de ce mouvement « barbare » et le fait rentrer dans le cours normal de notre développement littéraire, pour ainsi dire sans début. Il me suffira de montrer qu'un écrivain, penseur concis, lyrique remarquable dans ses descriptions, a existé, dont l'œuvre peut justement être considérée comme le chaînon, jusqu'ici absent, qui unit la *Nouvelle Héloïse* à l'*Itinéraire de Paris à Jérusalem*. Il sera peut-être en même temps prouvé que les auteurs saxons ne sont pas aussi « créateurs » qu'il ne paraît. On constatera, une fois de plus, que les hommes sont sujets de leur temps et qu'à vouloir juger des époques par notre choix et nos goûts, nous risquons de nous être trompés.

En deux mots : il existe assurément une *éthique littéraire* pour chaque peuple, mais peut-on croire qu'entre l'oubli ABSOLU et la connaissance *désordonnée* des parcelles moindres de notre production, il n'y ait pas un *juste milieu*, un terme nécessaire capable tout au moins d'avertir les chercheurs de l'hérédité possible de leurs audaces ? — Si Victor Hugo eut connu Ramond et mieux avoué Chateaubriand [1], il n'eut point clamé si fort ses témérités.....

❦ ❦

Louis-François-Elisabeth Ramond [2] naquit à Strasbourg le 4 janvier 1755. Son père, Pierre Ramond, était dans cette ville trésorier de l'extraordinaire des guerres. Originaire du Midi de la

---

1. Voici de Châteaubriand un seul passage entre cent qui me fera mieux comprendre : « ...Le calque de la littérature latine a détruit dans notre « littérature l'originalité du génie frank. Ce n'était pas ainsi qu'imitait le « moyen-âge ; les esprits de ce temps admiraient aussi les Grecs et les « Romains, ils recherchaient et étudiaient leurs ouvrages, mais au lieu de « s'en laisser dominer, ils les maîtrisaient, les façonnaient à leur guise, les « rendaient français et ajoutaient à leur beauté par cette métamorphose « pleine de création et d'indépendance. » *Essai sur la littérature anglaise,* p. 493 de l'éd. Garnier. — Et quel autre a écrit : « Le siècle des « arts en France est celui de François I⁰ⁱ en descendant jusqu'à Louis XIII, « nullement le siècle de Louis XIV » *Voyage à Clermont,* — et à propos de Shakespeare (Avril 1801) : « C'est sous le rapport du génie qu'il faut « considérer les belles scènes dans Shakespeare et non sous le rapport de « l'art dramatique » ?

2. Ramond, bien qu'appartenant à une ancienne famille de gentilshommes, fut créé baron seulement par l'Empire. Il avait pris dès sa jeunesse le titre *de Carbonnières* pour se différencier de son frère : Cécile-Etienne-Bernard Ramond *du Poujat,* né également à Strasbourg le 17 février 1756, mort à Paris le 7 janvier 1832, qui fut un archéologue et un numismate distingué. Le Bᵒⁿ Paul Ramond possède d'intéressants souvenirs de lui.

France, il avait épousé une allemande de la rive gauche du Rhin, Maria Eisentraut, qui lui donna trois enfants, deux fils et une fille. Louis, filleul du prince de Conti, était l'aîné.

Nous trouvons dans cette double hérédité l'explication du caractère de Ramond et la raison de la sensibilité unique qui lui fait concilier les dispositions opposées des races du Nord et de celles du Sud [1]. Il prend soin lui-même de nous renseigner sur ses origines dans une lettre autobiographique envoyée à son ami Saint-Amans (19 février 1827), lettre que le *Journal des Savants* a publiée. Il dit être né de parents « dont la rencontre fortuite remonte, d'une part à la persécution des protestants, de l'autre aux incendies du Palatinat et à la peste de Marseille ». Il rappelle avec humour le souvenir de ses deux grands-pères qui combattirent l'un contre l'autre au siège de Belgrade et dans les révolutions de Pologne.

Le jeune gentilhomme reçut une forte éducation. Il fit d'excellentes études de droit, de sciences physiques et naturelles. Et, s'il ne se fit pas recevoir docteur de l'une et l'autre faculté, c'est simplement qu'il s'estima plus libre dans la pro-

---

1. Le B⁰ⁿ Paul Ramond, petit-fils de l'écrivain, possède encore trois pastels admirables qui représentent le père, la mère et la sœur de Louis-Elisabeth Ramond. — Une physionomie d'une extrême finesse que celle de ce trésorier des guerres, presque trop spirituelle ! La mère a toute la douceur et l'air bonasse des madones allemandes, et, sous le commun bonnet de dentelles, la fille, en plus mélancolique, hérite des dispositions maternelles.

Parmi les nombreux portraits de Ramond qui se sont trouvés joints aux papiers de la famille, il faut donner la préférence à un petit profil à l'encre de Chine (du style des vignettes, à la mode au xviiiᵉ siècle, qui ont servi à illustrer tant d'ouvrages de Gœthe). Cette ombre chinoise date du séjour de Ramond à Ettenheim et montre un profil d'une rare intelligence, le front très haut, la lèvre délicate d'un Voltaire qui serait moins satiriste.

Le B⁰ⁿ Paul Ramond se décidera, il faut l'espérer, à rendre quelque jour publique les délicates merveilles qu'il a su rassembler et qui témoignent de la sûreté de son goût d' « harmoniste ».

fession d'avocat, qu'il choisit, que dans celle de médecin. On verra qu'il n'eut pas longtemps l'occasion d'exercer son nouveau métier.

Ramond nous décrit à propos de ses études, dans un autre passage de la lettre citée, l'Université de Strasbourg, alors à l'apogée de sa renommée :

... Bon gré, mal gré je vous arrêterais au moins quelques moments devant notre célèbre université, alors constituée sur les larges proportions des universités d'Allemagne, aujourd'hui emmaillotée dans les vieilles langes que vous appelez universités en France. Vous vous amuseriez à voir le séminaire de Monseigneur le Prince Évêque assujetti à suivre les cours et à recevoir les grades de professeurs luthériens, vous jetteriez un regard de surprise sur le brillant concours de 3 ou 4.000 étudiants, venant de l'Allemagne, de la Suède, de la Pologne, de la Russie, sur les Colloredo, les Cobentzel, les Galitzin, les Orlow, les Razoumovsky, tous mes condisciples et dont la plupart ont figuré depuis au timon des affaires publiques ou à la tête des armées ; tandis qu'à côté d'eux et de moi se formaient, dans cette magnifique école, les Stolberg, l'original Lenz [1], l'immortel Gœthe, beaux génies qui illustrent les lettres allemandes et que vous ne connaissez guère plus que vous ne connaissez certains drames de votre serviteur qui ont eu en Allemagne les honneurs de la scène, mais dont je n'ai dit mot à la France.

1. Ramond cite ce poète dans ses *Lettres de W. Coxe* (p. 15, note), disant qu'il l'avait accompagné dans un de ses voyages et resta près d'une heure, délirant, sous le pont de Schaffouse, médusé par la vue du fleuve. — Jacob Mikaël Reinhold Lenz est ce malheureux jeune homme qui devint, après le départ de Gœthe de Strasbourg, amoureux de Frédérique Brion et tomba en 1777 à demi-fou, suite de son hypocondrie maladive. Il était l'auteur de poésies longtemps attribuées à Gœthe, ainsi du reste que son drame *Der Hofmeister* (Leipzig 1774). Il retourna souvent à Strasbourg et fit de nombreux séjours en Suisse. Appelé en 1776 à la Cour de Weimar, il n'y put demeurer à cause de son manque de tact. Il vécut misérable en Russie à partir de 1780. C'est un des plus purs lyriques de l'Allemagne.

Il est certain, en effet, que Ramond fut lié
d'amitié avec Lenz, qui formait en 1771 avec Salz-
mann, Franz Lerse, Wagner et Jung-Stilling le
groupe des amis de Gœthe. Que le jeune étudiant
ait pu approcher ainsi quelquefois son glorieux
ainé, l'hypothèse est plus que probable. Il gardera
du reste toute son existence des relations suivies
avec son premier milieu alsacien. Le baron de
Dietrich par exemple le patronnera puissamment
lors de ses séjours à Paris. Et ce n'est par pour
nous une coïncidence peu digne d'intérêt que de
constater en 1787 à Paris la présence, dans le
même temps où Ramond s'y trouvait, de Frédérique Brion la célèbre amie de Gœthe, accueillie,
elle aussi, par la colonie alsacienne de la capitale [1].

En même temps qu'il se livrait à de premiers
essais poétiques, dont l'amour d'une jeune alsacienne était l'idyllique source, le jeune juriste
approfondissait sa culture et son usage des langues. Il lisait Shakespeare et Pétrarque dans le
texte et en demeurait enthousiasmé : toute sa vie
se ressentira de cette double impression. Et déjà
le goût des voyages, des explorations scientifiques
s'emparait de lui. Sous des prétextes ethnologiques, dans l'intention d'étudier le folk-lore des
campagnes [2], il parcourait toute la Basse-Alsace et
les cantons voisins de la Suisse. Faut-il voir dans
ce zèle l'effet des enseignements de Herder, si l'on
se rappelle en particulier que Lenz fut souvent le

---

1. On se souvient, en effet, des promenades de Gœthe allant voir Frédérique Brion à Sessenheim avec Weyland, promenades mystérieuses qui
ont toujours intrigué les chercheurs. En 1787 Frédérique vécut un certain
temps à Paris et à Versailles dans la famille d'un secrétaire d'ambassade
qui avait épousé une sœur de Weyland.

2. On sait que parmi les travaux que Gœthe et Heider avaient conçu et
entrepris ensemble à Strasbourg se trouvait un recueil de ces *Chants alsa-
ciens* (1770).

compagnon de ces voyages ? On ne sait. Quoi qu'il en soit le jeune homme se passionnait également pour les sciences naturelles — c'était l'époque des recherches du D<sup>r</sup> Erhart (*Observations météorologiques*, Strasbourg 1778) — et, quand il quitta l'Alsace, son double tempérament littéraire et scientifique était déjà formé.

Quelles raisons éloignèrent Ramond de Strasbourg ? Il est difficile de le conjecturer. Son père, homme prudent et positif, jugea-t-il opportun de soustraire le jeune homme aux effets d'une passion récente ? La préface des *Elégies* laisse à le soupçonner. De toutes façons le temps de ses études était terminé, le sage « apprenti » pouvait voyager.

Nous le trouvons en 1777 en Suisse où, coup sur coup, il publie les *Dernières Aventures du jeune d'Olban* et les *Elégies*, résultats des méditations et des crises des années précédentes. Il visite soigneusement le pays, se mêlant à la vie des paysans, se liant d'amitié avec des hommes comme Haller, Gessner, Lavater. A Ferney, où il fait un détour, il a grandement à se louer de l'accueil de Voltaire : le vieillard lui montre sa basse-cour et lui déclare : « Vous voyez un homme accablé de quatre-vingt trois ans et de quatre-vingt trois maladies... » Soudain, en 1778, Ramond fait « un « saut à Paris, laissant, écrit-il, au pied des Alpes « sa barbe de l'Oberland et à Colmar sa robe d'avo- « cat au conseil souverain d'Alsace. »

Très protégé par les amis de son père il est reçu dans les salons de la finance, puis à l'hôtel de la Rochefoucauld, centre de ralliement des philosophes constitutionnels. Il s'y fait tôt remarquer par son imagination brillante et ses talents de conversation. « La duchesse d'Anville le traitait comme « son enfant », écrit Cuvier, témoin peu suspect. Le vieux Malesherbes se prend de sympathie pour ce jeune amant de la nature et cette liaison touchante ne se démentira plus [1].

C'est au cours de ce premier séjour à Paris que Ramond publie à Bâle sa *Guerre d'Alsace* (1780), sa plus forte œuvre dramatique, qui ne paraît pas avoir fait impression sur ses contemporains. Luimême ne s'illusionne pas : il a visité les critiques fameux de l'époque et s'est aperçu que le temps de Shakespeare et de ses imaginations n'est pas encore venu. Ce sera la part du rêve qu'il gardera soigneusement sous l'étiquette d'homme du monde et de diplomate, jusqu'au temps où un retour de fortune, succédant à des catastrophes impossibles à prévoir, ouvrira à son lyrisme des accès nouveaux « ordonnés scientifiquement de l'autre côté de sa culture ». C'est là bien ce que fait le caractère unique de Ramond, sentimental à la fois, philosophe déductif et observateur, dont l'évocation de certains noms étrangers, Gœthe ou Humboldt par exemple, peut seul donner une idée.

En 1781, écrit plus loin Ramond, les circonstances [2] m'attachent au cardinal de Rohan, non en qualité de secrétaire, comme l'ont dit Grimm en sa correspondance, l'abbé Georgel en ses mémoires et de nos jours certaines biographies qui me connaissent si bien qu'elles me font naître dans les Pyrénées. Mon titre y fut celui de conseiller intime, ma fonction celle de conseiller à la régence d'Etenheim, siège de la principauté, lieu malheureusement célèbre depuis par l'enlèvement du duc d'Enghien...

Voici notre jeune diplomate de nouveau en Alsace. Il venait de publier justement ses *Lettres de William Coxe sur la Suisse*, avec dédicace à

1. Les papiers et souvenirs relatifs à cette période ont été détruits par les Cosaques en 1814.

2. Les parents de Ramond avaient des attaches très étroits avec les Rohan. On a vu que l'écrivain portait le prénom *Louis* de son parrain allié à cette famille puissante.

M^me de Sérilly, dont le succès, favorisé par la Harpe et par Grimm, l'avait presque rendu célèbre [1]. C'est à l'occasion de ce nouveau livre que Buffon, le recevant pour la première fois, l'accueillait de ce magnifique éloge : « Monsieur, vous écrivez comme Rousseau ! » — Ramond consentait à s'exiler. Sans doute les succès superficiels des salons lui pesaient-ils et sa jeune notoriété ne l'avait-elle pas troublé...

Il nous raconte avec esprit comment, dans sa nouvelle résidence de Saverne, sorte de Weimar en miniature, il joua le rôle de Mentor de la petite cour assez dissipée du Cardinal. Les intrigues que chaque groupe humain, grand et petit traîne nécessairement avec lui, ne faisaient pas faute dans cette principauté fantaisiste — encore que réelle (le Cardinal de Rohan avait par elle, « titre souverain » en Allemagne). Ramond consentit à remplir pour le compte du prélat le rôle de « garçon de laboratoire » de Cagliostro, venu à Strasbourg cette année même. Il l'accompagna plus tard à Lyon, Bâle et Paris. De la fréquentation de l'illustre magicien Ramond tira, cela est certain, à travers beaucoup de scepticisme un fonds de philosophie encyclopédique que l'on retrouve dans toutes ses œuvres. Il se moque agréablement des préparations de son « patron », qu'il réalisait souvent avec du sucre en poudre et qui produisaient leur effet... Il déclare, au surplus, que s'il a détruit une partie des papiers où étaient renfermés ces secrets « redoutables » et si les Cosaques lui ont distrait les autres il ne faut rien regretter : il serait bien inutile de donner un seul instant à ces magies.

Une affaire plus grave allait du moins le con-

---

1. Cf. *Correspondance de Grimm, Diderot, Raynal, Meister, etc.*, éd. Garnier, vol. XII. Janvier 1781 et vol. XV. Juillet 1789.

traindre à user de longs mois au service de son protecteur. Retourné à Paris, toujours suivi de son alchimiste, le Cardinal de Rohan se voit soudain mêlé à la fameuse *Affaire du Collier* (1785) et jeté sans égards à la Bastille. C'est Ramond, qui au moment de l'arrestation, avait fait disparaître une bonne part des pièces compromettantes, qui prit la résolution d'aller lui-même en Angleterre chercher la preuve du vol des diamants — témoignage louable d'attachement à une cause malheureuse, si l'on réfléchit qu'aucun des parents du Cardinal n'osait alors prendre sa défense. Il parvint à Londres par la Belgique trompant la vigilance des commissaires de Calonne qui voulaient l'arrêter en chemin.

C'est sans doute ici que nous devons regretter le plus profondément la barbarie des envahisseurs de 1814, car la relation du *Voyage* de Ramond *en Angleterre*, qu'il avait, assure-t-il, « écrit et bien écrit » a été détruite ou emportée par eux. Perte inestimable pour l'histoire des mœurs si l'on en juge par ce que l'écrivain nous a laissé ailleurs ! Il avait dû, par sa mission même, se lier avec les pires individus des deux côtés du détroit et passa sans aucun doute des heures curieuses dans les bouges, alors célèbres de la capitale anglaise.

De retour à Paris pour prendre la défense du Cardinal, le fidèle conseiller le voit à la Bastille, malgré le gouverneur — ce qui témoigne que les portes de la célèbre prison étaient alors bien mal gardées. L'*affaire* vient enfin en jugement et Ramond pouvait déclarer, quarante ans plus tard : « Croyez-moi, le procès est jugé et *bien jugé*. » [1] On sait que le Parlement acquitta le Cardinal.

1. *Lettre* citée, à Saint-Amans.

Ramond devait suivre le prélat dans son exil volontaire à la Chaise-Dieu, puis à Marmoutiers-les-Tours (1787). C'est de cette époque qu'il faut dater son premier voyage dans les Pyrénées et les études scientifiques qui se condenseront dans les *Observations* parues deux années plus tard. Déjà la crise révolutionnaire s'annonçait et, dans la conclusion de son livre, l'écrivain fait une enthousiaste allusion à la « république des Gaules qui va renaître. »

La vie politique allait l'absorber de plus en plus. Son ancien protecteur, devenu son obligé, retrouvait au 14 juillet toutes les libertés morales, dont il usa, pour le bien de la Révolution, de la façon qu'on connaît. Ramond se considérait comme libre. Désormais le temps qui ne sera pas donné aux discussions de principes, il l'accordera au seul délassement des sciences naturelles. Le littérateur, le romantique théoricien était mort en lui quant aux œuvres, mais, malgré tout, il se réalisera dans le détail de ses travaux, de sa science éloquente — bien souvent en des circonstances imprévues (cf. le *Discours* de Clermont). Ramond demeura toute sa vie un incorrigible poète et sans doute la plus grande cause de la secrète hostilité d'hommes comme Cuvier fut dans cette libéralité, cette supériorité du génie qui était en lui.

Comme ami et conseiller de Malesherbes le jeune avocat assista plutôt qu'il ne prit part, aux premières luttes politiques dans les coulisses de la Constituante. Il passait son temps en courses et en conférences du cabinet de Condorcet à celui de Mirabeau, de l'hôtel de la Rochefoucauld à l'Hôtel-de-Ville, faisant en quelques mois de temps l'apprentissage de la vie politique. Déjà estimé dans la « section » de Paris où son caractère et son

savoir lui assuraient un rôle important, il devint
bientôt le camarade de Danton à l' « Archevêché ».
Ce fut là qu'en 1791 les électeurs vinrent le chercher pour le faire entrer à la Législative.

Ramond y joue un rôle brillant dans les rangs
du parti constitutionnel. Le 29 octobre, il s'op-
pose, au nom de la liberté de conscience, aux mesures proposées contre les prêtres qui refusent de
prêter le serment civique. Il fait voter plusieurs
mesures patriotiques et veut empêcher le licencie-
ment de la garde du Roi, prélude de tous les dé-
sordres qu'il prévoit. Le 28 juin 1792 il prend
dans un magnifique discours la défense de Lafayette. Il devient pourtant, sans le vouloir, la
cause de la mise en accusation du malheureux
Delessart. Comme les autres il se voyait emporté
par la tourmente. Malade, écœuré, ayant subi une
grave opération, il partit pour Barèges quelques
jours avant le 10 août.

Ses ennemis avaient gardé le souvenir de son
talent incisif et le redoutaient. Dénoncé au Comité
du Salut Public, il se réfugia à l'intérieur des montagnes, partageant l'humble nourriture des pâtres.
Il fut pourtant trois fois arrêté comme suspect,
sur la foi de nouvelles dépêches parvenues de
Paris, et définitivement incarcéré à Tarbes du 26
Nivôse An II au 18 Brumaire An III. Deux hommes
qui le connaissaient de réputation le sauvèrent du
tribunal révolutionnaire (15 janvier 1794). M. Lo-
met, officier distingué du génie, chargé d'établir
des hôpitaux pour l'armée des Pyrénées prétendit
avoir besoin de son concours et obtint de le consulter dans sa prison. Mais quelque temps après,
ayant voulu solliciter Carnot, il obtint cette réponse : « Il est trop heureux qu'on l'oublie. »...
Monestier, envoyé de la Convention retarda heureusement le départ de Ramond pour Paris avec
les autres suspects. Le 9 thermidor le sauva. Il

sortit de prison quinze jours après la séparation
de la Convention, sans argent, presque sans vêtement, jeté sur le pavé de cette ville de province
avec la nécessité de se nourrir (nov. 1794). Sa
sœur, qui avec un dévouement admirable avait
déjà subvenu à la détresse de son emprisonne-
ment, vint encore à son aide. Quelques relations
que Ramond s'était faites lors de ses précédents
séjours lui permirent de végéter jusqu'à l'année
1796 où il fut nommé professeur de sciences physiques et naturelles de l'école centrale de Tarbes.
C'est le temps de sa liaison avec son collègue
Saint-Amans qui remplit à Agen une fonction
identique. Ils forment dès lors avec Lacépède et
Lacuée (plus tard comte de Cessac, général de bri-
gade) le groupe des quatre inséparables. Ramond
reste à Tarbes jusque vers 1800. Ses cours sont
vite célèbres dans la région et dans la petite ville [1].
Il les agrémente d'excursions multiples (35 fois
au Pic du Midi de Barèges jusqu'en 1797 ; deux
tentatives au Mont-Perdu) et prépare dès cette
époque les documents nécessaires à ses *Voyages au
Mont-Perdu*, le plus connu, sinon le meilleur de
ses ouvrages (1801), celui qui allait lui ouvrir l'année suivante les portes de l'Institut.

C'est à l'occasion de ces explorations répétées
qu'un poète du temps, dans une pièce en son honneur, l'appelle, dit Cuvier, un « savant chamois »... Ramond se signale en même temps une
dernière fois au public lettré par sa *Lettre à Chateaubriand sur deux chapitres du Génie du Christianisme*, brochure importante dont on n'a encore
pu retrouver la trace.

---

1. Le *Journal des Mines* (Messidor, An VI) donne la relation d'un
*Voyage au Pic du Midi de Bigorre* lu à la Société d'histoire naturelle par
Duhamel fils (p. 747) où l'auteur déclare avoir connu Ramond sur les lieux
et avoir été accompagné par lui jusqu'au Tourmalet.

Il était déjà rentré dans la politique, député
des Hautes-Pyrénées au Corps législatif (1800-
1806) il s'était tôt rallié au nouveau régime qui
donnait satisfaction à ses aspirations méthodiques
de gouvernement. Il n'y a guère de doute que
l'on doive attribuer, plutôt qu'à Barrère de Vieuzac, la brochure *Naturel et légitime* où est prise
la défense de la nouvelle dynastie qui se prépare
(1804) — défense du moins toute théorique. Bonaparte, son camarade depuis 1802 à l'Institut, où
ils avaient pu s'apprécier mutuellement, lui offrit
une des nouvelles préfectures qu'on venait de
créer. Désireux de liberté Ramond refusa. Mais
déjà son esprit frondeur inquiétait le maître. Ses
bons mots, qui restaient pourtant dans les salons,
le rendaient comme M^{me} de Staël, inacceptable
au premier Consul. « L'on ne pouvait pourtant,
« observe Cuvier, traiter un vice-président du
« Corps législatif comme une femme étrangère. »
Ramond venait de contracter une alliance puissante en épousant en 1805, la fille de Dacier, secrétaire perpétuel de l'Académie, veuve du général de
division Cherin. Le plaisant observateur nous
raconte comment il a assisté au couronnement :
« L'empereur mangeait une bille de chocolat sur
son trône de quarante pieds, comme moi sur mon
humble banquette... Misère des fortunes humaines !... » Napoléon l'appela à la Préfecture du
Puy-de-Dôme (1806).

« Me voilà préfet par lettre de cachet ! » s'écria
le sceptique naturaliste. En vain avait-il prié
Louis Bonaparte d'intercéder pour lui auprès de
son frère : « Eh ! laissez donc ! Qu'y a-t-il à
faire avec ce diable d'homme ? Il me fait bien roi!»
lui répondit le prince. On avait cherché une préfecture dans les Pyrénées : le manque de vacance
décida en faveur de Clermont.— « Vous continue-
rez Pascal » dut affirmer avec concision l'Empereur.

Ramond accepta de poursuivre en Auvergne ses chères observations florales.

Cette longue période de neuf années fut presque entièrement absorbée par la science. Les *Mémoires sur la formule barométrique de la mécanique céleste* devaient classer Ramond parmi les plus grands maîtres de l'expérimentation. C'est le temps de composition de son fameux herbier que l'on doit considérer comme un des plus riches de son époque : Humboldt eut souvent l'occasion de le consulter. Le savant retourne plusieurs fois à Paris et villégiature dans les Pyrénées qu'il avait tant contribué à mettre à la mode (Barèges 1809). Il est, nous l'avons vu, membre de la première classe de l'Institut (Académie des Sciences) depuis 1802, de la classe des sciences morales et politiques, en outre de plusieurs autres sociétés savantes. Peu tracassier pour ses administrés, Ramond se distingue surtout par ses travaux sur les eaux thermales : il fut un des premiers à faire connaître le Mont-Dore.

En janvier 1813 il obtint enfin sa retraite et vint s'installer à Paris où il décidait de s'occuper principalement de son fils unique et de l'organisation de ses collections. Son déménagement allait lentement, entrave par la rusticité des moyens de locomotion, du temps et par les soucis de la guerre. Un grand malheur allait survenir. Il avait confié des caisses pleines de papiers de famille, de mémoires et de manuscrits au « roulage » qui devait les transporter de Clermont à Paris. En 1814 les cosaques de la grande invasion surprirent et pillèrent le convoi. On ne sait ce que devinrent aussi les précieux souvenirs. Ce fut un coup cruel pour le pauvre savant : « C'est « venir de bien loin, déclare-t-il doucement, pour « faire du mal à un homme qui n'en veut à personne ! » Ramond chercha l'oubli de la catastrophe, en rentrant dans la vie publique. La misère morale du pays, l'appelait du reste.

La Restauration le fit entrer au Conseil d'Etat. Maître des requêtes en service ordinaire (Comité des finances, août 1815), il fut chargé par le roi, avec son collègue Lechat, de liquider les parties de la dette publique aliénées au profit des sujets britanniques. C'est ce qui lui valut le titre de liquidateur des étrangers, dont usent certains biographes. Sa rare connaissance des langues, son influence personnelle sur les hauts commissaires anglais, impressionnés de l'étendue de sa culture, lui permirent d'accomplir sa mission avec un succès inespéré, économisant près d'un sixième de la rente disponible. Le gouvernement reconnaissant le nomma conseiller d'Etat en service extraordinaire (1818). Il avait soixante trois ans et considérait sa carrière comme terminée.

Pourtant à partir de 1822 il cesse de figurer sur la liste des Conseillers d'Etat en activité. La liberté de ses opinions avait-elle encore une fois, déplu ? On était à l'époque du ministère Villèle. Quoi qu'il en soit il me paraît guère y avoir donné d'attention. Ses dernières années coulent paisibles. Il regarde les événements de l'œil désabusé d'un homme qui a vécu trop de révolutions. Il passe l'été dans sa petite maison de Puteaux, où il reprend la tâche patiente de son herbier.

M. de Humboldt [1]— écrit-il en 1827, peu de mois avant sa mort — qui refait sa géographie des plantes, s'est rué sur ma flore, il a voulu avoir communication des feuilles de mon manuscrit à mesure que je les livrais à l'imprimeur.

L'hiver, à partir de 1822, il se retire dans son

1. Le savant allemand avait pour Ramond une grande estime et aussi une certaine jalousie. Ramond l'honorait et le cite à diverses reprises.

logement du 22 de la rue de Provence. Il y médite doucement, entouré d'un cercle discret de vieux amis. Les villégiatures ne le tentent plus.

J'arrive aux eaux pour prendre l'air dans une chambre de dix pieds au carré, le cul sur un fauteuil et ma triste jambe contuse et écorchée sur un tabouret... Je suis donc revenu m'enterrer assez mal en point dans ma petite campagne, manger du raisin de Suresnes qui m'a un peu refait... [1]

Ramond mourut à Paris, le 14 mai 1827.

1. Op. cit.

## II

U NE grande difficulté réside dans l'attribution
des ouvrages de Ramond. Tous les écrits qui
ne sont pas scientifiques — et ce sont ceux qui
nous intéressent — ont été publiés sous le couvert
de l'anonymat. Pour certaines œuvres l'incertitude est assez prenante : nous donnons ici les
raisons qui militent en faveur de leur attribution.
Outre l'avis de quelques contemporains et la tradition familiale, il est une de ces raisons, le charme et la personnalité du style, qui nous défend,
dans le cas général, d'une erreur improbable. Il
n'en est pas moins vrai que l'on doive attribuer
à cette seule cause l'oubli où était tombé un grand
et délicieux écrivain [1].

Le premier ouvrage écrit par le jeune Strasbourgeois, si ce n'est pas exactement le premier
livre qu'il publia, ce sont les *Elégies* (Yverdon
1778) dont Sainte-Beuve dit très justement qu'elles
font prévoir Lamartine. Ce recueil, qu'il dut en-

1. M. F. Baldensperger l'a cité à différentes reprises dans des cours
professés à l'Université de Lyon (1904). C'est le seul cas, à notre connaissance, où le nom de Ramond ait été prononcé dans un établissement d'enseignement officiel. Cela est tout à l'honneur d'un distingué maître de
littératures comparées à qui nous devons sans doute la première idée de
ce travail.

Rien ne serait plus erroné que de croire à une exagération de notre
part. L'*Intermédiaire des chercheurs et des curieux* du 25 avril 1888 (p. 233)
demande « la généalogie et les armoiries du baron Louis-François-Elisabeth

treprendre vers la vingtième année, témoigne d'une
grande facilité et d'un sentiment remarquable de
la musique du vers. C'est assurément du Parny,
mais du Parny que travaille une forte assimilation
étrangère. Si l'épigraphe générale est de Tibulle
— comme de circonstance — le vers qui précède
la première partie

> *Hang there, my verse, in witness of my love*

de Shakespeare (*Comme il vous plaira*) et la citation de Pétrarque qui la suit

> *Canzon, d'uom trovi in suo amor viver quieto'*
> *di, muor mentre se lieto*

témoignent de tout autres soucis.

Les *Elégies*, dédiées simplement « A une Alsacienne » par *De****, débutent ainsi :

Si j'étais Roi ! voilà le souhait de tous les amants, il
serait si doux d'avoir une couronne à donner. J'ai fait
souvent des vœux plus modestes ; vous savez, Sophie,
s'ils ont été plus exaucés — maintenant je dis : si seulement j'avais été heureux !... Mais je ne suis qu'amant et
poète et je ne puis vous donner que mon cœur et mes
vers.

Et plus loin :

Puissent ces feuilles ne franchir que pour vous l'enceinte gothique de votre patrie !

Outre les pièces d'inspiration légère ou senti-

---

Ramond, membre de l'Institut, né à Strasbourg en 1755, mort à Paris en
1827. » Le 10 juin (p. 350) nous trouvons : « le Strasbourgeois Ramond ne
serait-il pas le secrétaire du cardinal de Rohan ? Il se brouilla avec lui
d'après l'abbé Georgel »...

Faut-il ajouter que la plupart de ses œuvres sont introuvables dans nos
bibliothèques ? A la Nationale même, ce n'est qu'à l'obligeance de quelques conservateurs que nous devons la communication des exemplaires
déposés : les garçons de salle les avaient à diverses reprises refusés faute
de connaître l'endroit où ils se trouvaient.

mentale de la première partie — qui se terminent bien curieusement par un *Chant de genre alsacien du XI<sup>e</sup> siècle, traduit de l'allemand* (pièce VIII) et par une *Ode grecque* traduite en prose d'Apollodore — nous trouvons dans ce recueil une idylle intitulée *Phaon*. C'est un curieux essai d'alterner, suivant la manière ancienne, des dialogues en prose et des pièces rythmiques, tentative que Ramond reprendra plus tard dans ses drames. On peut goûter la jolie sensualité amoureuse de l'*Heure du berger*, le charme des discussions doucement rhétoriciennes de Phaon et d'Isore [1], mais surtout la prenante mélancolie de ces petites pièces : *le Cygne, la Solitude, l'Oiseau, le Chêne. l'Ombre* [2] qui introduisent dans la poésie des éléments nouveaux d'observation de la nature et d'harmonie mystérieuse qui ne se retrouveront que longtemps plus tard dans notre littérature.

> *Sous le ciel orageux où l'aigle se balance*
> *Jouant avec la foudre et guidant les eclairs*
> *Il est une retraite asyle du silence*
> *Où le cygne avec négligence*
> *Module ses concerts...*

Ailleurs :

> *Du haut de ce rocher le théâtre du monde*
> *Parait sombre et majestueux.*
> *L'ombre s'étend sur la plaine profonde*
> *Et s'élève en vapeurs à la voûte des cieux*

---

1. N'est-il pas curieux de retrouver dans le choix de ces noms mêmes le mélange des lettres antiques et de l'étude du moyen-âge ?

2. Les *Élégies* renferment également une nouvelle version du *Chant du Schwartzbourg* qui avaient paru quelques mois auparavant avec les *Amours Alsaciennes*. Ce nom même de *Chant du Schwartzbourg* sera, douze années plus tard, donné à l'ouvrage total *Dernières Aventures du jeune d'Olban* considéré alors comme une contre-épreuve du *Werther* (1774)

*Dans le creux de cette vallée*
*J'entends gronder un noir torrent ;*
*Son bruit éveille au loin la nature troublée :*
*Le vent du soir l'apporte en murmurant...*

Si l'on veut se rappeler que ces tentatives sont contemporaines des bouts-rimés de nos philosophes, d'une époque pauvre, entre toutes, en poésie d'expression lyrique, on les appréciera avec raison. Il conviendra pourtant de se souvenir que les traductions de Thomson et de Young, les *Saisons* de Saint-Lambert, enfin la fameuse traduction d'*Ossian* (1776) avaient déjà préparé en France l'apparition d'un nouvel ordre de sensibilité. Le théâtre de Diderot auparavant n'avait pas été étranger à cette évolution — (cf. les essais de Carlyle.) — Ramond, lui, puise directement dans l'étude et la familiarité des littératures étrangères ce que d'autres n'auront que plus tard à travers leurs traducteurs.

Ce n'est pourtant pas dans des idylles ou des poésies que Ramond tenta — bien involontairement sans doute — de démontrer à ses contemporains ce qu'il y avait à gagner à ce genre de culture. Shakespeare l'avait impressionné si profondément que lorsque le *Werther* parut (1774), mettant à la mode un certain mode de sensibilité ce *Werther* que Ramond ne pouvait moins faire que d'apprécier, en ayant si singulièrement connu l'auteur — ce n'est pas au roman qu'il s'adressa pour traduire l'évolution propre de sa passion, mais à ce qu'on a depuis très improprement appelé le *drame romantique*. Il inclinait vers le théâtre d'*évolution* qui n'avait pas cessé d'être en usage chez les peuples du Nord de l'Europe et de l'Espagne, de préférence au théâtre artificiel de *déduction*, créé par le classicisme franco-italien, au nom — et en dépit — de la manifestation hellène : il en revenait plus simplement aux principes de notre vieux théâtre des « mentions ».

Sa première œuvre est une tragédie psychologique dans un cadre contemporain. Et, chose plus étonnante, l'influence de la « comédie larmoyante », de la Chaussée et de Crébillon, de Diderot lui-même, est nulle ici. Les *Amours Alsaciennes*, qui sont une première ébauche de *Chatterton* le dépassent presque en volonté d'intention. Les personnages, qui figureraient volontiers pour nous en certaines pages des *Affinités électives* ou du *Wilhelm Meister*, s'expriment parfois, malgré certaines maladresses de style, avec une telle acuité de sentiment, une telle concision morale qu'il faudrait descendre peut-être jusqu'au théâtre d'Ibsen pour retrouver l'exemple d'une semblable conception dramatique.

*Les dernières Aventures du jeune d'Olban, fragment des Amours Alsaciennes*, tel est le titre de ce bref drame en trois journées, dédié « A Monsieur Lenz ». — Comme pour les œuvres suivantes de Ramond, nous en exposerons la matière dans le détail, dans son ordre naturel, estimant que pour le lecteur non prévenu le meilleur commentaire est celui qu'il doit tirer de sa propre impression.

La pièce débute par une leçon de clavecin, charmante de simplicité, où l'on voit la jeune *Lali* chapitrée par son maître *Solfa* qui la veut convertir à la fois à la musique et au catholicisme. Surviennent le vieux corsaire *Birk*, son père adoptif, et Sinval *(d'Olban)*, inconnu mélancolique qu'ils ont recueilli sans lui demander compte de son passé. La jeune fille en est amoureuse. Discussions sur la religion et boutades de Birk qui reproche au jeune homme son humeur morose.

Ici un premier intermède « à la façon de Shakespeare » : un missionnaire, seul dans sa cellule, confesse son amour criminel pour Lali.

La jeune fille décide de se convertir pour avoir Sinval. Dans le même temps celui-ci découvre au vieux Birk son identité véritable et pourquoi, criminel par amour de la propre nièce du corsaire, *Nina*, dont il est toujours amoureux, il doit fuir les effets juridiques d'un duel trop heureux. Birk, interloqué, lui apprend maladroitement que sa nièce s'est mariée et ne réussit qu'à rendre le fidèle amant fou de désespoir.

Un imbroglio — où Lali est particulièrement en butte aux instances du missionnaire — conduit précisément Nina et son nouvel époux, *Serci* (un ami de d'Olban-Sinval) dans la demeure de Birk. Sinval se trouve en leur présence. Après des scènes de reconnaissance et des reproches violents le malheureux proscrit s'enfuit de la maison de son hôte :

*Birk* (entre d'un air égaré, en deuil, il a le ton sombre). — Dieu merci ! je n'ai plus qu'à porter le deuil de toute ma famille ; je n'ai plus de fille ni de nièce ; ce corsaire de Sinval m'a tout emporté... (apercevant Nina et Serci) qui êtes-vous, vous autres ?

*Nina.* — O mon oncle !

*Birk.* — Moi, ton oncle ?... oui morbleu, ton oncle... Vas t'en avec Lali... Courrez toutes deux après votre Sinval... appelez-le votre oncle, votre père, votre mari... Moi je ne suis plus rien, je suis le pauvre vieux Birk, qui a couru quarante ans la mer pour combattre ses ennemis et se faire des amis et qui est revenu en cheveux gris dans ce maudit village où il n'aura personne pour lui fermer les yeux.

*Nina.* — Mon oncle !

*Birk.* — La pauvre Lali !... le bon Dieu sait quel sort ce malheureux Sinval lui a jeté... oui morbleu ! un sort : car ce n'est pas naturel... Allez la voir, c'est pis que jamais, elle est là qu'elle ne dit plus rien, qu'elle pleure, qu'elle se jette à genoux... elle sedésespère... elle mourra

au premier quart d'heure sans confession, et puis le
diable emportera sa pauvre âme. Je n'ai donc plus qu'à
attendre que mon ami Solfa revienne : car personne ne
songe plus à moi, et j'irai avec lui au cimetière, creuser
ma fosse à la sueur de mon front et me coucher
dedans !... Par pitié, mes amis ! venez-y dire quelquefois
un *de profundis*... (il pleure).

Nous assistons bientôt à une scène très curieuse
où Sinval fugitif est blessé involontairement par
des brigands dont il avait été le bienfaiteur. C'est
un des rares tableaux — exact — des mœurs du
temps tel qu'il s'en trouve peu dans toute la
littérature du XVIIIe siècle. Déjà s'affirme la
maîtrise de Ramond en ces petites scènes pittoresques où, en Allemagne principalement,
d'autres écrivains devront bientôt trouver matière à succès. — Puis c'est le drame werthé-
rien, d'un Werther qui, comme *Obermann*,
n'aurait pas encore renié le goût des choses
naturelles :

*Sinval* (au château ruiné de Honak, à la pointe d'un
rocher. Il est appuyé sur un pan de mur, l'habit en lam-
beaux, sans chapeau, les cheveux sur la face, la voix
altérée, mais l'air tranquille d'un homme résolu qui,
plein de son projet, chante au ciel son dernier hymne.) —
Mon heure est arrivée, l'heure où je verrai pour la dernière fois le ciel et la terre, où je penserai pour la dernière fois à Nina. La nature va m'échapper et mes yeux
ne verront pas se coucher le soleil qui s'est levé si
brillant sur mon dernier jour... Amour ! voici donc le
sacrifice que je te ferai... Le brouillard du matin me
dérobe les montagnes lointaines où reposent les cendres
de mon ami... Ensemble nous avons vu couler notre
jeunesse, ensemble nous avons passé sur la surface de la
terre, et maintenant — le songe est fini... O ruines !
sièges de la sourde destruction, recevez mon âme gé-
missante !

Dans la demeure de Birk, pourtant, les êtres réunis dans une inquiétude mortelle se lamentent sur l'arrêt définitif du destin. Nous croyons nécessaire de reproduire ici cette scène, une des plus belles de l'ouvrage qui annonce, bien curieusement, à cent ans de distance un des moments caractéristiques du *Brand,* d'Ibsen :

*Nina*, *Lali* et le *Missionnaire* dans la salle.

Le *Missionnaire*, assis à une table éclairée d'une lumière, une Bible ouverte devant lui, lit dans la révélation de St-Jean. — « La quatrième trompette se fit entendre « et je vis un cheval pâle : celui qui le montait s'appelait « la Mort. L'enfer le suivait, le fer, la faim, les maladies « et les bêtes féroces combattaient devant lui sur la face « du monde... Alors j'entendis la voix de l'aigle qui tra-« versait les cieux. Il criait : Malheur et Désolation ! « Malheur à ceux qui sont encore sur la terre... »

*Lali*, avec effroi. — Arrêtez ! arrêtez : ceci est terrible...

. . . . . . . . . . . . . . . . . . .

*Birk*, morne et consterné, entre. — Femmes, c'est pour vous que je viens vous parler, car pour moi tout est dit. Dieu merci ! je serai bientôt enterré... Femmes (il tire de sa poche deux pistolets qu'il pose sur la table) tuez-vous ou consolez-vous... Sinval est mort.

    (Nina tombe en défaillance. Lali s'élance sur les pistolets.)

*Serci* l'arrête et s'empare des pistolets et dit à Birk : — A quoi pensez-vous ?

    (Il court à Nina).

*Le Missionnaire*, consterné. — Il est mort !

*Lali*. — Il est mort ! (Elle court embrasser le crucifix).

*Birk*. — Un homme s'est tué, c'est lui. Solfa a vu le cadavre. Serci, es-tu mon ami ? (il pleure) tire moi une balle dans la tête pour que je meure comme lui sans faire le même crime.

*Nina*, revenant à elle. — Il est mort, ce d'Olban ! il n'est plus sur la terre ! (elle court dans les bras de Lali).

*Lali.* — Ma Nina ! Il est mort, il s'est tué. (Nina tressaillant). L'aigle a passé dans les cieux, il a crié malheur à ceux qui sont encore sur la terre !... Pas à pas donc le grand juge s'approche de nous : déjà Sinval n'est plus ; nous allons tomber après lui nous n'avons plus qu'un moment (elle tombe prosternée) prions, prions pour nos âmes.

*Nina* court à Serci qui la repousse. — Pour moi aussi tout est fini ! Adieu ! reçois son âme... Dis lui qu'elle m'attende...

*Le Missionnaire.* — O Dieu de Miséricorde ! L'as-tu repoussée cette âme sanglante quand l'ange de la mort te l'a présentée ?... Ecoute nos prières, grand Dieu ! Ne la précipite pas dans le gouffre de la désolation...

*Birk,* ouvrant sa veste et comptant avec sa main. — Voilà une blessure... en voilà une autre... en voilà une... deux, trois... voilà des plaies profondes, elles sont guéries... mais là, dans le cœur est celle dont le pauvre Birk ne guérira pas... et c'est vous, malheureux, vous, mes amis, qui me l'avez faite !...

Le drame se termine ici. Un bref épilogue — auquel se trouve attribué la date 1775, sans doute celle de la composition de l'ouvrage (Ramond avait vingt ans) — nous montre deux pèlerins au Honack, discourant sur l'éphémérité des choses humaines. — Avant chacune des trois « journées » de l'ouvrage se place une sorte de chœur dialogué — un premier sujet et des figurantes — dont le texte a été respectivement reproduit dans les *Elégies.* On a, dans l'ordre : le *Chant de guerre du Schwartzbourg* — 1<sup>re</sup> journée — l'*Oiseau* — 2<sup>e</sup> journée — la *Rose* — 3<sup>e</sup> journée — le *Chêne.* Ainsi se trouvent combinés dans un essai de jeunesse, remarquable à plus d'un point de vue, ce double souci du théâtre hellène et du théâtre de Shakespeare modernisés qui devait occuper toute une génération depuis Gœthe. Les

deux premiers actes littéraires de Ramond étaient
des gestes de précurseur.

Ce n'étaient pourtant pas de telles œuvres qui
auraient pu établir en France sa réputation.
L'esprit de critique et le goût des caractères superficiels y étaient alors trop développés. Lui-
même prit soin de cacher ses œuvres, de les
dissimuler pour ainsi dire, lors de sa venue à
Paris. Eut-il honte de sa « barbarie » ? ou simplement estimait-il que son époque n'était pas
assez mûre pour de telles tentatives et s'en
remettait-il au temps, comme il le fit plus tard,
du soin de lui rendre justice : l'une et l'autre
hypothèse sont plausibles.

Ramond se contenta dès lors de vivre mysté-
rieusement au contact des littératures étrangères
qui devinrent son « empire secret » et, lorsque,
deux années plus tard, il publia de la capitale sa
*Guerre d'Alsace*, qui a bien des points de vues
est une nouveauté extraordinaire, il n'eut garde
d'en parler à ses amis des « Salons » de Paris.
Le propre sentiment de son originalité lui suf-
fisait.

Ce livre, ce drame — car toutes ces pièces (peut-
être en est-il d'inconnues ?) ont été représen-
tées en Allemagne, comme on l'a vu — ce drame
tient une place à part dans l'œuvre de Ramond,
autant par la singularité du sujet que par le fini
de la composition et la situation exceptionnelle
où elle le place vis à vis des grands romantiques
de toutes les littératures.

Non pourtant que des écrits de cette nature ne
se soient, contrairement à une opinion courante,
répétés souvent à la même époque. La fameuse
apologie de Shakespeare de M^{me} de Montague est
d'octobre 1777. En mars 1778 parait la traduction de *Werther* qui fait connaître Gœthe aux

milieux cultivés français. Les fantaisies exoti-
ques, les drames inspirés de l'Arioste et de Calderon sont légion en ce moment là (la *Veuve de
Malabar*, *Thamas Kouli-Kan*, *Roland* de Pic-
cini, le *Siège de Saint-Jean de Losne*, drame par
d'Ussieux). Mais ce qui caractérise le drame du
jeune strasbourgeois, outre le mérite littéraire,
c'est d'abord l'intention théorique et pour ainsi
dire toute *technique*, c'est ensuite l'unité de la
*manière* et les modèles dont il se réclame. Il ne
sera pas inutile de se rappeler que ce drame précède toute l'œuvre de Schiller, né en 1759, et
*Wallenstein* de près de vingt ans : tout observateur sera frappé de la ressemblance singulière
qui unit ces deux œuvres de si différentes fortunes [1].

*La guerre d'Alsace pendant le grand Schisme
d'Occident, terminée par la mort du vaillant
comte Hugues, surnommé le soldat de Saint-
Pierre, drame historique*, tel est le titre exact de
l'action qui se passe au XI⁰ siècle [2]. L'ouvrage

1. Il sera à propos, pour bien comprendre qu'il ne s'agit nullement de
notre part d'une exagération panégyrique, de prendre connaissance de
quelques œuvres contemporaines *analogues* d'inspiration mais combien
différemment traitées, par ex. des pièces si médiocres de Rochon de Cha-
bannes (*La Tribu*, comédie en un acte pour l'anniversaire de l'annexion
de Strasbourg, octobre 1781. Bib. Nat. Yth 17501, ou *Le Duel*, même
année, traduit de l'Allemand. Bib. Nat. Yth 5518 bis) ou de cette œuvre
également citée dans la *Correspondance* de Grimm, 12 novembre 1781 :
*Le Camp ou la Discipline militaire du Nord*, drame en prose en 5 actes,
traduit par Moline de l'allemand de Moeller (dit Grimm, Moline écrit
*Gœthe* dans sa préface. Pourquoi ?) : « *Le comte de Valtron* ou *La Subor-
dination* », pièce en vers libres. Bib. Nat. 8⁰ Yth 5232.

2. *La Guerre d'Alsace* est attribuée à Ramond par tous ses biographes
et en particulier par Barbier (*Dict. des Anonymes*). Outre des affinités de
style un passage certain de ses *Lettres de W. Coxe* (p. 134). Sur les tragédies politiques de Bodmer et du président Hénaut (cité ailleurs) est à
rapprocher de ce qu'il dit plus loin dans sa préface. Il y a presque identité
des termes, sauf la réserve que le goût de la Harpe avait dû lui imposer
pour le nom du premier écrivain. Ajoutez la preuve de l'estampe et l'opinion de son petit-fils.

est imprimé à Bâle et un fragment de la préface,
outre les notes de l'éditeur à la fin du volume,
indiquent que l'auteur ne put assister lui-même
aux corrections de son livre, ayant quitté l'Alsace : d'où les fautes qui le déparent. Une estampe
précède le titre, représentant le château d'Egisheim, de la main de l'auteur. C'est une habitude
que Ramond conserva toute sa vie : il illustrera
ainsi ses *Observations dans les Pyrénées* (1789) et
ses *Voyages au Mont-Perdu* en 1801. La docu-
mentation y gagnait : les chevaliers qu'il nous
présente disputant dans le fond de la vallée,
tandis que les piques des hommes d'armes brillent
au loin, présentent l'aspect d'authentiques chevaliers (que l'on compare ceci avec la couleur
locale des ouvrages parisiens du temps) mais
plutôt de chevaliers du XV° et XVI° siècle que du
XI° [1]. On reconnaît à ce signe que l'auteur avait
vécu dans un pays où étaient jalousement con-
servées les vieilles armures. Il profitera aussi des
légendes que seuls les gens du pays pouvaient lui
donner.

« Cesse, mon ami [2], de m'indiquer des mé-
cènes, cet ouvrage ne peut leur appartenir »,
tels sont les premiers mots de la courte préface
où Ramond expose les raisons qui l'ont poussé
vers un genre nouveau : l'exaltation d'un passé
provincial. La longue *Avant-Scène* qui suit, où
l'auteur nous montre sa déjà considérable culture
historique, nous apporte le principe même et les

---

1. Une parfaite illustration du *Wallenstein !*

2. J. M. — telles sont les initiales portées sur la préface. Quel était cet
ami ? Il n'était pas gentilhomme à ce qu'il semble. On serait assez porté à
penser qu'il s'agit d'un camarade d'enfance resté à Strasbourg. A moins
qu'il ne s'agisse de Lenz lui-même. Les initiales J. M. forment les deux
premières initiales de son nom *Jakob Mikaël*. Ramond pouvait se per-
mettre cette dédicace à un ami très intime. — Prendre cette interprétation
pour ce qu'elle vaut.

sources de ce romantisme inconnu. Il est évident que le jeune Strasbourgeois connaissait profondément l'Allemagne : il nous fait presque un tableau de son histoire et nous montre avec orgueil en passant Godefroy de Bouillon blessant mortellement l'empereur Rodolphe à la bataille de Wolkenheim. Il ne germanise point son esprit, s'il pénètre l'histoire et la civilisation de nos voisins et ses scrupules sont si grands qu'il va jusqu'à franciser quelques noms par goût d'euphonie racinienne : Egisheim en *Exem* et Dagisbourg en *Daxbourg*…

Voilà le sujet et le théâtre que j'ai choisis, écrit-il après avoir fait l'exposé des luttes religieuses de l'Alsace au xi⁰ siècle. Le tableau va s'étendre et se colorier : je vais ranimer les cadavres de l'histoire ; devant les yeux du lecteur ils passeront dans leur costume antique, ils agiront suivant les mœurs de leur siècle ; en un mot, je copierai fidèlement la nature, même lorsque je suppléerai par la fiction aux faits que le temps a ensevelis dans les ténèbres de l'oubli. Plus ma tâche est difficile, plus je dois espérer d'indulgence : je puis même en attendre si un long travail et l'étude réfléchie de mes modèles peuvent m'y donner quelques droits.

Et en note :

Ceux de mes lecteurs qui ont lu et étudié les pièces historiques de Shakespeare, les tragédies politiques de Bodmer, le *Godefroy à la main de fer* de Gœthe, le *François II* du président Hénaut, me dispenseront de défendre un genre dont ces grands hommes ont fait l'apologie et ne trouveront à reprendre dans le choix que j'en ai fait que l'impuissance où je suis de m'élever jusqu'à mes maîtres.

Ramond exagère la modestie de ses débuts. Si la pièce n'est pas parfaite et parfois un peu naïve dans l'argumentation et dans le dialogue, c'est,

nous l'avons dit, dans ses défauts mêmes, une
première ébauche du *Wallenstein* et tout à fait
proche de la manière shakespearienne. — Une
question se pose : quel maître dut donner à
Gœthe et à Ramond cet amour nouveau du grand
tragique — car il semble bien que l'un et l'autre
aient emporté cet enseignement de Strasbourg ?
Herder peut-être, qui rentrait alors de France [1] et
avait beaucoup profité au contact de certains amis
de Shakespeare. Il paraît bien que la vocation de
Gœthe se soit décidée dans cette ville : ce serait
un argument possible, malgré la différence d'âge,
pour la camaraderie possible des deux étudiants.
Mais, même s'ignorant, il y a quelque chose d'im-
pressionnant et de grandiose dans ce voisinage de
deux jeunes hommes, d'intelligence également
rare, que le Destin allait pousser vers des voies si
différentes. Imaginez-les côte à côte — souvent
leurs coudes se heurtaient — tenant gaîment par
la taille les douces filles d'Alsace et poussant,
dans des bousculades de cabaret, le « houpsassa »
traditionnel... Qui eut alors pensé que l'un de ces
adolescents allait marquer d'un relief ineffaçable
les destinées littéraires d'une nation, que l'autre,
trop enseveli dans la tourmente des faits politiques, deviendrait tard un sujet d'admiration pour
ceux qui n'ont pas la foi unique de l'*événement* ?

La technique de la *Guerre d'Alsace*, comme
celle du drame précédent, est celle même de tout
notre théâtre primitif. Nous aurons l'occasion
d'observer plus loin que Ramond n'ignorait rien
de nos vieux fonds littéraires. L'action historique

---

1. Herder séjourna sept mois à Strasbourg, y écrivit son mémoire *Sur
l'origine du langage* et commença son recueil des *Voix des peuples* (1770).
Ramond avait alors quinze ans, Gœthe vingt-et-un. C'est parlant de la
même époque que celui-ci écrit : « La première page que je lus de Shakespeare me fit sien pour la vie »...

se réalise en un changement de décor perpétuel, sans rien des divisions de la scène classique. On y retrouve sans doute quelques tournures propres à la sensibilité de l'époque, mais surtout beaucoup de verve et de mouvement, une simplicité absolue qui s'étend jusqu'aux noms des héros. Un *concierge* y est nommé par son nom et y joue un rôle important. Les intrigues et les disputes de la soldatesque sont fort curieuses, très vivantes. Ce genre, renouvelé d'*Othello* ne reparaîtra pas de longtemps dans notre littérature :

> Place d'armes et porte du château.
> L'avant-garde entre. Eric et les gens du château viennent au devant des soldats.

— Victoire ! Victoire !

*Eric.* — Te voilà donc, mon cher Ewald ! Tu es le plus heureux des soldats : jamais une seule blessure... Et toi, Robert ! viens que je t'embrasse ! Soyez les bienvenus mes amis, nous vous attendions avec inquiétude.

*Robert.* — Dieu soit loué ! Il ne nous manque plus que du vin pour finir la plus heureuse journée que nous ayons eue depuis longtemps.

*Eric.* — Tout est prêt pour vous recevoir. Qu'est devenu Albert ?

*Ewald.* — Il a été tué ce matin.

*Eric.* — Que Dieu le récompense des services qu'il a rendu sur la terre ! Voilà comme on se quitte ici-bas ; mais nous nous retrouverons ailleurs. Et Oswald ?

*Ewald.* — Il est blessé, nous l'avons laissé dans le château de la plaine.

*Eric.* — Le combat a donc été bien meurtrier ?

*Robert.* — Assez, mais nous nous sommes dédommagés. Si piller l'évêque c'est travailler dans la vigne du Seigneur, la vendange a été bonne.

*Ewald.* — Depuis quatre jours nous ne faisions que poursuivre de petits corps d'ennemis qui pillaient les villages. Enfin hier on s'est aperçu qu'ils commençaient à se rejoindre et que l'armée, qui nous craignait, s'était établie à l'entrée des montagnes. Alors le comte fit semblant de ne pas oser l'attaquer et se retira ; mais pendant la nuit nous tournâmes la colline et au point du jour nous étions sur eux. Jamais je n'ai été à pareille fête. D'abord nous avons été repoussés à cause de la troupe de Bertolf qui était en désordre ; mais ensuite nous reprîmes le dessus. Il fallait voir comme nous les chargions ; tout a été disposé en telle hâte que l'ennemi n'a pas eu le temps d'emporter son butin, nous avons tout trouvé dans le village abandonné.

*Robert.* — Tu vois, Eric, tout ce que nous rapportons ! La troupe de Bertolf est furieuse du partage...Vois comme ce Hermann s'agite... Appelons Romualde. Hé ! Romualde !

*Ewald.* — Le comte nous a rendu justice aujourd'hui. Les gens de Bertolf ne se soucient que du pillage et ceux de Waldemar sont aussi fiers que leur maître. On n'en peut rien faire un jour de combat. Romualde !

*Romualde.* — Eh bien?

*Ewald.* — Viens donc voir Eric et boire avec nous.

*Romualde.* — Je viens.

*Robert.* — Tu es un nouveau, on veut t'en faire accroire. Dis-moi, pendant le temps que tu as servi dans les troupes de l'empereur, as-tu jamais vu des voleurs aussi insatiables que ceux-là ! Depuis un mois Hermann n'a pas donné six coups de hache, et cependant il se plaint de n'avoir pas dans le butin une aussi forte part que nous.

*Hermann,* s'approchant. — Si je n'ai donné que six coups de hache, je vais tout à l'heure donner le septième et t'empêcher d'avoir part au butin, de longtemps.

*Robert.* — Je ne te conseille pas de m'approcher...

*Eric.* — A quoi songez-vous ? Demeurez en paix, le comte arrive !

*Romualde.* — Nous parlerons de cela plus tranquillement, Hermann retire-toi...

*Éric.* — Viens, Robert, allons sur l'autre place, il ne faut pas que cette querelle s'anime.

(Ils sortent. Hermann et quelques soldats restent).

*Hermann.* — Je n'ai pas donné six coups de hache !... Quel est donc celui qui a brûlé, il y a quinze jours, ce moulin avec hommes, femmes et enfants ? N'y ai-je pas mis le feu ? Qui sont ceux qui ont pillé aujourd'hui le camp de Gontran, après avoir haché la garde en pièce, si ce n'est pas nous qui sommes de la troupe de Bertolf ?... Mais c'est que ceux-là appartiennent aux Lambert qui sont les favoris et qui font du comte tout ce qui leur plait : ce qui m'en console c'est que les gens de Waldemar ne sont pas mieux traités que nous. Je voudrais qu'ils fussent ici pour nous soutenir contre ces voleurs. Allons les attendre sur l'autre place, et puis nous verrons !

(Ils sortent.)

Rien ne sera préférable à une analyse pour faire sentir ce qu'il y a d'essentiellement « romantique » dans ce drame, contemporain des premières traductions de Shakespeare (Letourneur 1776-1782) et de la première édition française d'Ossian. Un mouvement se dessinait en France qui, arrêté trop évidemment par la Révolution, annonçait Hugo et Dumas de bien loin. Ce n'est pas une raison pour que l'on doive réduire à peu l'initiative de Ramond : nous avons vu qu'il remontait droit aux sources : il suffit de comparer à son œuvre le *Macbeth* de Ducis qui parut quatre ans après et de se souvenir des termes de la *Lettre* de Voltaire *à l'Académie sur Shakespeare* qui la précède d'autant.

I. — L'action débute par un combat. Waldemar, un des capitaines du Comte, fait prisonnier Adelbert, chevalier de l'évêque de Strasbourg, Othon de Stauffen, et amoureux comme lui d'Ottilie, sœur de Hugues. Il lui offre un combat singulier pour trancher le différend. Dans une

scène d'un réalisme extrême le jeune homme
préfère se conserver par la fuite à son amour.
Rentrée victorieuse du comte au château et disputes de la soldatesque (v. p. h.)

II. — Dès le second acte nous assistons à une
discussion dans le palais de l'évêque. Les principaux de la ville, les chanoines, l'*avoué* (chevalier chargé des intérêts de la cité) disputent
avec un échanson du nom de Sigefride, rude
ironiste. On recherche ce qu'il convient de décider à la suite de la récente défaite : l'amertume
et la jalousie se donnent libre cours. On deman-
dera la paix. — Dans le même temps Adelbert,
caché dans la chaumière d'un paysan près du
château d'Exem, projette d'y pénétrer pour revoir
Ottilie. — Autre scène : le comte Hugues déclare
à Gontran, père d'Adelbert, ambassadeur de
l'évêque, qu'il veut comme gage de paix le château de Daxbourg ancienne demeure familiale.
Belle scène où, devant Waldemar qui ignore le
sort d'Adelbert, le vieux Gontran déplore la mort
de son fils. — Un messager annonce au château
la venue de renforts. Puis une série de belles
scènes, d'un pittoresque charmant Adelbert, accompagné du vieux paysan, a pris la direction
du château :

> Au coucher du soleil.
> La route qui conduit de la vallée au château ser-
>     pentant sur la croupe de la montagne.
> *Adelbert* et *le Paysan.*

*Le Paysan.* — Ne nous reposons qu'un instant ; nous
arriverons trop tard au château.

*Adelbert.* — J'ai besoin de repos ; le cœur me bat.

*Le Paysan.* — Je suis vieux, estropié, et je marche
mieux que toi.

*Adelbert.* — Tu n'as pas le poids qui m'écrase. (Il s'as
seoit).

*Le Paysan*, s'asseyant. — Nous avons fait du chemin. Regarde la vallée, vois comme elle est profonde !...

. . . . . . . . . . . . . . . .

*Gontran* et ses cavaliers, les apercevant.

— Mes amis, n'y a-t-il pas un chemin plus court pour descendre dans la plaine ?

*Le Paysan.* — Il y en a plus d'un, mais vos chevaux n'y passeraient pas ; cependant s'ils ne sont pas trop fatigués, vous pouvez essayer de descendre droit sur le château inférieur, en passant à côté des trois sapins que vous voyez là-bas.

*Gontran.* — Je te remercie... Marchons.

*Adelbert* descend précipitamment. — Arrête !

*Gontran.* — Que veux-tu ?

*Adelbert.* — Donne-moi ta main... C'est la main d'un brave. Puisse-t-elle donner sa force à la mienne !

*Gontran.* — De quel parti es-tu ?

*Adelbert.* — De celui des infortunés. (Il baise sa main). Vas et sois plus heureux.

*Gontran.* — Hélas ! le ciel fait que je ne puis plus l'être ! Je suis un de ces malheureux que le Dieu des armées a condamné aux larmes. Va, jeune homme, combat, si tu n'as ni père, ni femme, ni ami qui puissent te regretter ! (A ses gens) Partons.

(Ils s'éloignent.)

Le vieux paysan tente en vain d'effrayer Adelbert par des histoires d'*esprits*. Ils passeront la nuit au pied du château.

Laissé cependant à Exem par le Comte qui part en expédition vers Daxbourg, Waldemar irrité de cette disgrâce projette d'assouvir sa passion sur Ottilie qu'il aime. Il est aidé dans son action par Bertolf, jaloux de Lambert, autre lieutenant du prince qui est parti avec lui. Ils se révolteront.

*Bertolf.* — Connais l'insultante confiance des grands. Exagérant la distance qui les sépare de nous, ils pensent

que leur mépris peut nous accabler et que notre vengeance
ne peut les atteindre : que dis-je ? Ils se dissimulent même
que nous pouvons les haïr. Hugues sera détrompé, je
n'aime ni ne crains rien ; les rayons qui l'entourent ne
m'éblouissent plus et les conventions humaines n'ont
rien que je puisse respecter. Depuis longtemps que crois-
tu que je cherche dans les combats ? Penses-tu que c'est
la gloire ? Jamais je n'ai rapporté que du butin. Crois-tu
que j'y poursuis les ennemis de Hugues ? Amis, ennemis,
tout m'est indifférent et je ne cherche que du sang. Il y
a vingt ans, et c'est la première fois que la lumière des-
cendit dans mon cœur, à la fin d'une longue et sanglante
bataille, la nuit tombait, le carnage durait encore et je
sentais que je n'en étais pas rassasié. Monté sur une pierre,
je ne sais quel instinct me faisait frapper indistinctement
sur la foule : j'étais comme l'ange de mort, et les guer-
riers des deux partis roulaient pêle-mêle à mes pieds.
Alors je sentis naître un rire involontaire... Connais-tu ce
rire amer qui fait passer un frisson dans les veines gla-
cées ?... Je vis dès lors que j'étais né pour seconder la
colère du ciel et dédaigner comme lui les liens chéris de
l'humanité. Juge si mon âme sait haïr et si je puis me
venger !

L'acte se termine sur les adieux du comte et la
donation historique de la chapelle Sainte-Odile.
Adelbert, mêlé par ruse aux soldats de Wal-
deman, assiste à la cérémonie et n'est pas reconnu. Mais une nuit suivante, endormi sous la
fenêtre d'Ottilie et surpris par Waldemar et Bertolf, il est jeté par eux dans la « tour d'oubli »
du château.

III. — Dialogues d'ombres : ancêtres du comte
que des pressentiments funestes ont éveillées.
Berthe, femme de Hugues, et Ottilie, restées
seules, s'entretiennent de leur inquiétude. Le
concierge Eric qui a été témoin du crime commis
sur Adelbert engage son fils à garder le silence.

— Un dernier scrupule pousse Waldemar à s'ouvrir à Ottilie, mais Bertolf décide la révolte à lui seul. — Tableau du comte et de ses compagnons dans une forêt : poursuite de l'ennemi. — Ottilie repouse Waldemar. Bertolf se fait acclamer par les soldats avec son compagnon maîtres du château. Berthe, Ottilie et le vieil Eric, prisonniers un instant, réussissent à se réfugier avec quelques partisans au Weckmund, autre bastion d'Exem. Ils y sont assiégés par les révoltés.

Combat autour de Daxbourg et victoire du Comte qui installe son camp auprès de la forteresse.

IV. — L'acte suivant débute par un dialogue réaliste entre un soldat et une sentinelle. Bertolf et Waldemar, désespéré de l'échec de son projet, projettent de s'unir à l'évêque de Strasbourg. Celui-ci, dans le même temps, décide d'envoyer un autre messager demander la paix, cette fois sans condition. — Des brigands réunis autour de leur chef acceptent de faire alliance avec Bertolf, parti en ambassade, lui-même, pour Strasbourg. On projette de piller en route quelques couvents. — A Daxbourg, Hugues, affligé des maux de la population désire sincèrement la paix. Des affamés traversent le camp. Arrivée de l'ambassade de l'évêque.

Cependant, au Weckmund, la femme du comte et le vieil Eric décident d'arriver au prisonnier de la Tour d'oubli. Adalbert, épuisé de jeûne, en proie aux hallucinations, voit sortir Eric du souterrain et le prend pour un fantôme.

> Eric sort du souterrain en soulevant une pierre, il a une torche à la main.

*Eric.* — C'est lui !

*Adelbert.* — Une issue ! Qui que tu sois, laisse-moi sortir ou je te déchire...

*Eric.* — Arrête.

*Adelbert.* — M'apportes-tu la mort ? Viens, si tu as ma rage, voyons lequel dévorera l'autre !

Il se jette sur lui.

*Eric,* le repoussant. — Insensé !

*Adelbert,* chancelle et tombe. — Frappe ! mes forces sont épuisées, je ne résisterai pas.

*Eric.* — Lève-toi, Adelbert, je viens t'apporter la liberté. Ottilie t'attend, viens la venger.

*Adelbert,* toujours à terre. — Retire-toi, fantôme ou démon, avec le vain espoir dont tu m'abuses ! Je t'ai reconnu à ta torche infernale !

*Eric.* — Lève-toi, rappelle tes esprits égarés...

Ottilie approche.

Ottilie et Berthe emmènent le malheureux dans leurs appartements. — Waldemar et Werner, un de ses compagnons, décidant une attaque de nuit sont eux-mêmes surpris par les sentinelles du Weckmund. Les assiégés font une sortie. Waldemar blessé mais furieux encore veut rester sur le lieu du combat. — Belle scène où Waldemar recevant Gontran, envoyé de nouveau par l'évêque au comte pour demander la paix, lui apprend sa trahison et se moque de leur lâcheté. Il les pousse à s'emparer de Hugues qui va à Strasbourg traiter lui-même avec Othon.

V. — Le dernier acte, qui est aussi le plus beau, mériterait d'être étudié longuement par ce qu'il apporte de vraiment nouveau dans la technique du drame. Ce ne sont plus ici des balbutiements shakespeariens, mais vraiment un fort et vivant tableau d'une époque historique. Schiller, lui-même, n'a pas toujours égalé la *vérité* de certains de ces exposés : il y a chez lui plus de lyrisme et, partant, moins de romantisme archéologique. Il faudrait descendre pour trouver des

scènes analogues jusqu'à *Cromwell, Henri III*
ou jusqu'au *More de Venise.*

— Un appartement au Weckmund, le matin du
6 septembre 1089. — Adelbert repose auprès
d'Ottilie, au milieu des femmes. Berthe, qui a
aperçu des créneaux Gontran en conversation
avec Waldemar, prie le jeune homme de rejoindre son père avant son retour à Strasbourg et de
lui arracher le secret qu'il porte. Il faut ôter à
Waldemar cette importante alliance.

A Strasbourg, au palais épiscopal, discussion
de chanoines :

Trois chanoines entrent.

*1er Chanoine.* — Asseyons-nous ici en attendant l'évêque.

*2e Chanoine.* — Avez-vous aperçu la joie que lui ont
causé les nouvelles de Siegfride et de Gontran ?

*1er Chanoine.* — Ce que Gontran lui a dit m'a paru
l'embarrasser beaucoup.

*3e Chanoine.* — Quoi ? Vous pensez que l'idée d'arrêter
Hugues lui a paru si étrange ?

*1er Chanoine.* — Le parti est un peu violent.

*3e Chanoine.* — Pourquoi ? Depuis le commencement
de cette guerre-ci on est revenu de bien des préjugés.

*2e Chanoine.* — L'entrée de Hugues sera curieuse à
voir : j'y veux mener la belle Hedwige. Il faudra cependant trouver un abri, car la pluie n'a pas l'air de finir.

*3e Chanoine.* — Vous ne pensez qu'à Hedwige et ne
vous inquiétez guère de ce qui peut arriver ce soir.

*2e Chanoine.* — Que nous importe, que cela tourne bien
ou mal ? Ces princes temporels et spirituels ne se disputent avec tant d'acharnement que le droit de nous proté-
ger et de nous enrichir. Ils ont en outre la fureur de
faire des papes : chaque parti a le sien, tant mieux ! Nous
en trouverons toujours un qui nous protègera quand
nous en aurons besoin.

*Siegfride, l'Avoué.*

*Siegfride.* — Le comte est à Saverne. Il a répondu avec

bonté au courrier que l'évêque lui a envoyé pour s'excuser de n'y avoir pas été lui-même et pour l'inviter à venir conclure ici le traité proposé. Il y a grand apparence qu'il sera ce soir ici.

*L'Avoué*. — L'évêque cependant va partir.

*Siegfride*. — Il va l'attendre à une lieue d'ici pour le ramener avec lui. Ah ! si je ne craignais pas que les coupes fissent le tour de la table, et que je fusse certain que le vin restera à celui à qui je l'offrirai...

*L'Avoué*. — Vous êtes tous des scélérats et des lâches !

*Siegfride*. — Mon cher Henri, vous êtes jaloux de n'avoir pas eu cette idée-là.

L'évêque arrive avec Gontran qui pleure toujours son fils. Le paysan, envoyé par ruse par Adelbert au moment où il entrait dans Exem, lui remet l'épée du jeune homme en lui annonçant sa mort. Gontran, qui pense que Hugues en est l'auteur, part en jurant de venger son enfant. — L'évêque semble incliner à mal agir envers le Comte, qu'il sait aux portes de la ville.

Le soir, une salle au château de Daxbourg.

Soldats de Hugues buvant.

*Ewald*. — Courage! Buvons à la nouvelle paix.

*Romualde*. — Qui durera tant qu'elle pourra.

*Robert*. — Oh ! celle-ci est bonne, car il y a de quoi boire.

*Romualde*. — Je ne sais, mais ce Siegfride est venu d'un air trop humble.

*Robert*. — C'est que l'évêque avait peur : voilà tout.

*Romualde*. — Hugues aurait dù prendre plus de monde ; cinquante hommes c'est bien peu au milieu de Strasbourg.

*Ewald*. — Tais-toi, Autrichien, parce que tu es un déserteur et un coquin, soit dit sans te fâcher, tu crois qu'il n'y a que des coquins sur la terre.

*Robert*. — Il en parle par envie. Il voudrait avoir suivi le comte : il sait qu'à Strasbourg il y a du bon vin et de jolies filles.

*Romualde*. — Certainement je le sais, puisque j'y ai passé six mois avec le frère de l'évêque.

*Ewald*. — C'est apparemment depuis ce séjour que tu as une mine, un teint comme le revenant de cette nuit.

*Romualde*. — Va-t-en au diable avec ton revenant ! Je ne l'ai pas vu, et puis il y a une grande différence entre lui et moi : il aime les prières, puisqu'il en vient demander, et moi je m'en moque.

*Robert*. — Je parie que c'est l'esprit d'un moine qui vient demander à boire. A sa santé ! (Il boit). Le diable ne lui en donne pas d'aussi bon !

*Ewald*. — Depuis que le diable est sur terre il ne traite plus là-bas ; il s'est habillé en anti-pape pour tâter de nos filles et de notre vin ; car je parie que ce *Clément* est l'antéchrist ; j'en suis sûr comme je suis sûr de faire mon salut pour peu que je change de vie.

On entend sonner la trompe.

*Romualde*. — Que signifie la trompe ?

*Ewald*. — Qui cela peut-il être ?

*Robert*. — Va voir ce que c'est.

*Ewald* ouvre la porte. — Ah ! quel temps et quelle obscurité ! La pluie tombe à verse et le vent du couchant souffle plus fort que tantôt. Robert ! prête-moi ton manteau.

(Il sort.)

*Robert*. — Il est sûr que jamais on n'a vu un temps semblable.

*Romualde*. — Si cela dure, il y aura un second déluge : toutes les rivières sont déjà débordées. Je ne sais comment le comte sera arrivé à Strasbourg.

*Robert*. — Il y a des moments où tout cela m'effraie. Beaucoup de gens disent que la fin du monde approche et parfois je serais tenté de me convertir.

*Romualde*. — Fi donc ! Il faut chasser cette mauvaise pensée. Buvons.

*Ewald, Eric* entrent précipitamment.

*Tous*. — Eric !

*Ewald.* — Mes amis, le comte est trahi, Waldemar est révolté.

*Romualde.* — Ciel !

*Eric.* — A quelle heure est parti le comte ?

*Romualde.* — Oh ! il doit être arrivé.

*Robert.* — Il est sûrement arrivé si les inondations ne l'ont point arrêté.

*Eric.* — Il est trahi. L'évêque est d'accord avec Waldemar, car Gontran était bien dans le château. Berthe et Ottilie sont réfugiées dans le Weckmund avec Odaric, Volcmar, Bertram et quelques soldats qui leur sont restés fidèles. L'avant-garde de d'Eberhard les a rejoint et le reste des troupes du comte Gérard marche à grands pas vers l'Alsace et sera demain au pied du château pour l'investir. Allons à Strasbourg redemander le comte qui peut-être a grand besoin de nous.

*Tous.* — Partons.

*Robert.* — Romualde ! Te sens-tu le même courage que moi ? Si le dernier jugement approche, ami ! il faut faire une belle fin...

*Eric.* — Partons, tandis qu'il est encore temps.

—

Strasbourg, l'une des portes de la ville.

*Une Sentinelle,* descendant de la tour. — Je ne sais si je suis bien éveillé ! C'est lui ! On dirait que c'est lui. Je ne veux plus rester à ce poste-là. Holà !... au secours !

*Le Concierge* et deux soldats.

*Le Concierge.* — Qu'est-ce encore ?

*La Sentinelle.* — Vous me croirez cette fois si vous voulez. Montez vous-même. C'est Adelbert ou son esprit ; il est accompagné de plusieurs autres. Je ne reste pas là-haut.

*Le Concierge.* — Lâche ! Je vais y voir. (Il monte).

*La Sentinelle* aux deux soldats. — C'est un hérétique : il ne croit rien ; mais vous verrez ce qu'il en dira. Parbleu ! Je ne suis point endormi... Ecoutez à la porte, n'entendez-vous pas sa voix ? Il est minuit, les étoiles du grand charriot sont justement sur notre tête : c'est l'heure où les esprits voyagent pour demander ce qu'ils exigent des vivants. Écoutez, si vous ne l'entendez pas distinctement ?

*1er Soldat*. — Vraiment sans doute ; il demande qu'on ouvre.

*2e Soldat*. — Il saura bien entrer sans cela ; je suis transi de peur.

*La Sentinelle*. — Il faut partir : nous ne sommes pas en sûreté ici.

> *Le Concierge* descend.

*Le Concierge*. — C'est bien lui ! C'est Adelbert ! Ciel ! qui l'aurait pensé ?

> (Il ouvre la porte.)

*La Sentinelle*. — Quoi ? vous l'osez ?... Fuyons !...

> La Sentinelle et les deux soldats s'enfuient.

> Adelbert et quatre cavaliers.

*Le Concierge*. — Quoi ? vous vivez et le bruit de votre mort n'avait rien de réel ?

*Adelbert*. — Ami, donne-moi des flambeaux, fais-moi conduire au palais de l'évêque... A quelle heure mon père est-il arrivé ?

*Le Concierge*. — Il y a longtemps et le comte d'Exem est déjà ici.

*Adelbert*. — Quoi ? Hugues est ici ?

*Le Concierge*. — Il est arrivé ce soir. La paix est faite et l'on assure que votre père en est bien fâché. Waldemar lui a dit que le comte vous avait fait mourir.

*Adelbert*. — Le traître !

*Le Concierge*. — Suivant ce que l'on dit tout bas on craint que votre père ne cherche à se venger.

*Adelbert*. — Je ne saurais trop tôt détruire une erreur cruelle. Des flambeaux !

*Le Concierge*. — Vous ne pouvez point passer ici, la rivière est entièrement débordée : il faut faire le tour des murs.

*Adelbert*. — Ciel ! Il me faudra une heure pour arriver !... Vite ! des flambeaux ! (aux cavaliers) Mes amis, restez ici, vous êtes fatigués. On aura soin de vous.

*Le Concierge* va faire allumer.

*Adelbert*, seul. — Ottilie ! Ottilie ! Un rayon d'espoir pénètre dans mon cœur. Depuis six ans c'est la première fois ; et mon âme peu faite au bonheur ne peut en soutenir l'idée. Toi, moi, mon Père, Hugues... tous heureux !... Grand Dieu ! c'est ta bonté qui m'a réservé pour ce moment-ci !

Au Palais, l'évêque et Hugues qui ont signé le traité, ont entrepris une dissertation religieuse. La discussion s'envenime. Sur un prétexte voulu les gens de l'évêque assassinent le Comte, après avoir éloigné ses gens, et demeurent effrayés de leur forfait. En se défendant Hugues a blessé mortellement Gontran, qui l'accusait à tort de la perte de son fils. Celui-ci meurt dans les bras d'Adelbert survenu au même instant. (La succession de ces faits tragiques est conforme aux chroniques strasbourgeoises). Adelbert, désolé, retourne au Weckmund dans l'intention de se venger des perfidies de Waldemar. Il rencontre, en chemin, les soldats de Hugues arrêtés par l'inondation, leur apprend la mort de leur maître et les entraîne avec lui.

Au Walbourg — autre bastion du château d'Exem — nuit du 7 septembre. Waldemar irrité et mélancolique fait souffrir de sa bizarrerie tous ceux qui l'approchent. Deux mauvaises nouvelles l'accablent en même temps : il apprend l'arrivée de nouveaux adversaires en place des secours de l'évêque et la mort de Bertolf et de Max (les brigands) dont les troupes se sont massacrées au pillage d'un couvent.

*Waldemar*, se levant, met fin aux lamentations des soldats. — Retirez-vous scélérats et que toutes les foudres du ciel vous écrasent !... Werner, va mettre l'ordre dans ce château.

(Ils sortent.)

Dis-moi, Bertolf, es-tu tranquille dans la poussière ?
Dis-moi si l'on craint au fond de la tombe ? Dis-moi si
l'on se repent, si l'on aime ? Dis-moi si les traîtres y reposent ?

Adelbert, cependant, portant le deuil au château, a décidé la vengeance.

*Ottilie.* — Eh bien, va ! cours au combat : que l'amour
ait le sort de l'amitié ! Meurs puisque mon frère est mort
et que le même tombeau s'ouvre pour tous ceux qui se
sont aimés.

*Adelbert.* — A moi soldats ! Suivez-moi. Que cette nuit
soit la dernière nuit de tout ce qui porte dans son cœur
ou le crime ou le remords !

Ottilie, le ciel va décider enfin s'il m'a conservé pour
l'amour ou pour ses vengeances : s'il a marqué ce moment pour être celui de ma perte... Implores sa miséricorde ! Car notre amour était l'objet de sa colère.

Les événements se précipitent. Deux ombres de
nouveau s'abordant font prévoir les événements.
La nuit s'obscurcit. Sortie des assiégés. Waldemar
poursuivi par le remords de sa trahison, lutte en
désespéré. Il tue Adelbert qui le cherche, puis, se
dépouillant de son armure, se jette dans la mêlée.
Victoire des partisans de la Comtesse qui anéan-
tissent leurs adversaires.

Ottilie s'est évanouie sur le corps de son
amant. On entend un chant de mort dans la chapelle. Ottilie et Berthe, après avoir cherché auprès des princes justice de l'évêque meurtrier, se
retireront dans un monastère.

Telle est la fin de cette action sanglante qui pa-
raîtrait mélodramatique si elle n'était un exposé
d'histoire. La sobriété même de l'auteur qui évite
d'insister sur le jeu des vengeances et des repré-
sailles la garantit des défauts du genre.

La partie la plus faible du drame est certainement celle qui traite des amours d'Adelbert et d'Ottilie, à peine esquissées. Mais cela rentrait sans doute dans les intentions de Ramond quand il établit le plan de l'ouvrage. On ne saurait trop louer par contre la force, la justesse des caractères, l'animation du dialogue et cet esprit de suite « intérieur » qui rend, hors de tous les artifices coutumiers de la scène, l'intérêt soutenu jusqu'à la fin. — Une impression se dégage pourtant, impression injuste mais qui doit être exprimée, c'est que ce drame est tellement exceptionnel, tellement unique dans l'état contemporain de notre théâtre (1780) qu'il doit nous faire à distance l'effet de quelque traduction fantastique d'une langue où il *aurait pu* être écrit. Allemand ? Anglais ? L'un et l'autre, mais surtout *alsacien,* car le dialogue présente une saveur locale très accentuée.

La *Guerre d'Alsace* est *sans doute* le dernier ouvrage dramatique de Ramond — un chef-d'œuvre pour quiconque voudra le considérer d'un esprit objectif. Il continue bien curieusement, dans la psychologie et dans les manières, le vieux théâtre que les écoles mystiques et les collèges de Jésuites nous avaient donné avant l'époque classique — celui même qui se poursuit, si curieusement traditionnaliste, dans les établissements religieux de beaucoup de pays. Respectons cet art souvent puéril : il porte avec lui des noms : Calderon, Rotrou, Schiller dont il n'est pas permis de sourire. Ramond est leur frère : il a voulu offrir à un certain public le théâtre qui devait lui plaire, *il y est parvenu.* Il l'a fait avec toute la supériorité de sa jeune expérience des hommes, avec sa rare harmonie personnelle. Combien peuvent en prétendre autant ? et n'est-ce pas, après tout, le sort de Shakespeare, de Molière, de tous les grands

« tragiques » ? On ne fait pas de théâtre, comme l'ont pensé beaucoup de nos contemporains, autour de formules. Les formules s'inscrivent dans les faits, non les faits sur elles. Il faut regretter doublement que les circonstances aient chassé Ramond de son rêve dramatique. Peut-être, sans elles, eussions-nous possédé le grand lyrique de théâtre qui nous manque encore aujourd'hui.

LA *Guerre d'Alsace* avait été écrite sans doute dans le feu des dernières années d'études à Strasbourg. Nous avons vu qu'il ne fut même pas donné à l'auteur, éloigné d'Alsace, de corriger les épreuves de son livre.

A peine à Paris, Ramond se prépara à donner quelques-unes des impressions qu'il avait recueillies au cours de ses voyages en Suisse. Il choisit, comme « mentor » devant la belle société littéraire, un anglais qui avait fait paraître un livre sur le même pays quelque temps auparavant. Mais en additions et en notes on put dire qu'il avait doublé le recueil.

Les deux parties des *Lettres de William Coxe à M. W. Melmoth sur l'état politique, civil et naturel de la Suisse, traduites de l'anglais et augmentées des observations faites par le traducteur dans le même pays* parurent à Paris en 1781. Le succès en fut si vif qu'une seconde édition les répéta l'année suivante. Une troisième parut encore en 1789.

Nous trouvons dans la *Correspondance*[1] de Grimm, Diderot, etc., ce passage (Janvier 1781) :

« M. Ramond vient de traduire de l'anglais les
« *Lettres* de M. William Coxe à M. W. Melmoth
« sur l'état politique, civil et naturel de la Suisse,
« un vol. in-8°... Nous ne craignons point d'assu-
« rer que la traduction que nous avons l'honneur

---

1. On ne saurait, malgré bien des erreurs de détails, oublier que cet ouvrage est un de ceux qui renferme le plus d'aperçus profonds sur le xviii<sup>e</sup> siècle. Là Grimm écrivait en 1750 : « C'est ainsi que depuis « environ trente ans l'Allemagne est devenue une volière de petits « oiseaux qui n'attendent que la saison pour chanter. Peut-être ce temps « glorieux pour les muses de ma patrie n'est-il pas éloigné ! » — Singulière prophétie que ce recueil est seul à nous rapporter.

« de vous annoncer est fort supérieure à l'original.
« Ce que M. Ramond s'est permis d'ajouter aux
« descriptions du voyageur anglais forme plus du
« tiers de l'ouvrage et n'est surement pas la partie
« la moins intéressante. M. Coxe a voyagé en
« Anglais ; la constitution civile et politique a sur-
« tout arrêté ses regards «... J'ai voyagé, dit son
« jeune traducteur, dans les montagnes, ou, pour
« mieux dire, j'ai erré sans tenir de route déter-
« minée, à pied, avec un seul compagnon né dans
« la région que nous parcourions ; comme lui
« j'entendais les différents dialectes en usage dans
« ces contrées ; tous deux nous savions sacrifier
« nos convenances au but de notre voyage ; nous
« cherchions l'hospitalité dans les cabanes les plus
« retirées ; et nous avons vécu en égaux avec les
« bergers que nous visitions, dérobant à leurs
« yeux tout ce qui aurait pu faire soupçonner que
« nous étions de simples curieux... »

Ramond ajoute dans sa préface :

J'ai souvent essayé de jeter du mouvement et de la
variété dans les peintures de mon original, parce que j'ai
pensé que c'était rendre justice à la nature et racheter
quelques unes des pertes que doivent nécessairement
essuyer des descriptions qui passent d'une langue dans
une autre.

Chacun des chapitres de Coxe est suivi de « Parties du voyage du traducteur » qui assurément sont
le meilleur attrait du livre. Dès ce moment le
style de Ramond s'est formé et nous trouverons
partout ces magnifiques descriptions qui font de
cet écrivain oublié l'un des artistes les plus purs
de notre langage :

...Egarés dans cette forêt, nous avions pris le parti de
côtoyer le torrent qui, suivant notre estimation, devait
descendre dans la plaine de Glarus, dont nous savions
n'être pas loin, quand, tout à coup, nous nous aperçûmes

que le son de ses flots changeait et qu'un murmure plus grave et plus éloigné se répétait parmi les arbres ; nous n'eûmes pas de peine à concevoir qu'il formait quelque cascade considérable et qu'il serait téméraire d'avancer ; nous changeâmes donc de route et bientôt nous rencontrâmes deux paysans qui allaient comme nous à Glarus et nous servirent de guide...

Ailleurs :

Le sommet du Saint-Gothard est une plate-forme de granit nu, entourée de rochers médiocrement élevés, de forme très irrégulière qui, arrêtant la vue en tous sens, la bornent à la plus affreuse des solitudes. Trois petits lacs et le triste hospice des Capucins interrompent seuls l'uniformité de ce désert où l'on ne trouve pas la moindre trace de végétation. C'est une chose nouvelle et surprenante pour un habitant de la plaine que le silence absolu qui règne sur cette plate-forme : on n'entend pas le moindre murmure ; le vent qui traverse les cieux ne rencontre point ici un feuillage dont l'agitation bruyante trahisse son passage ; seulement, lorsqu'il est impétueux, il gémit d'une manière lugubre contre les pointes de rochers qui le divisent. Ce serait en vain qu'en gravissant les sommets abordables qui environnent ce désert on espérerait se transporter par la vue dans des contrées habitables : on ne voit au-dessous de soi qu'un chaos de rochers et de torrents, on ne distingue au loin que des pointes arides et couvertes de neiges éternelles, perçant le nuage qui flotte sur les vallées et qui les couvre d'un voile souvent impénétrable ; rien de ce qui existe au-delà ne parvient aux regards, excepté un ciel d'un bleu noir qui, descendant bien au-dessous de l'horizon, termine de tous côtés ce tableau et semble être une mer immense qui environne cet amas de montagnes.

Ou :

Le jour commençait à poindre et, quoique la vallée fut encore plongée dans la plus profonde obscurité, les sommets qui l'entouraient étaient déjà teintés d'une belle couleur rose... Nous nous élevions rapidement et la vallée que nous avions quittée n'était plus à nos yeux qu'un profond précipice, au bord duquel nous étions suspendus ; le soleil se levait et les vapeurs de la terre, repoussées par ses premiers rayons, roulaient au-dessous de nous comme des flots irrités.

Enfin ce passage incomparable, que beaucoup affirmeraient inspiré de Bernardin de Saint-Pierre s'il ne devançait pas la plus grande part de son œuvre, qui, dans tous les cas, le dépasse en substance et fait prévoir les meilleures pages de l'*Itinéraire* :

Que l'on ne juge point de ces solitudes par les solitudes de nos plaines. Ici-bas tout vit, tout a une âme. Dans la retraite la plus écartée, dans les déserts où je ne rencontre point les traces d'un homme, je trouve une famille d'oiseaux qui me rappelle nos familles, une république d'insectes qui me retrace nos nations et leur industrie, leurs rapports et leurs querelles. Le frémissement d'un arbre, l'agitation d'un buisson, la course rapide et le murmure d'un ruisseau tout me ramène au sentiment de l'existence en me donnant l'idée du mouvement, la plus douce de toutes les idées parcequ'elle éloigne celle du néant.

Qu'ils sont différents, les immenses déserts des Alpes ! Un tapis uniforme couvre leurs dédales glacés, depuis les sommets les plus fins jusqu'aux profondeurs les plus inabordables ; c'est la livrée des hivers éternels du pôle, c'est un linceul qui enveloppe la terre expirante ; la mort qui subjugue ici des êtres dignes de la combattre, la jonche de leurs débris formidables. Un éternel silence règne sur cette région isolée. Si, de loin en loin, une lavange[1] tombe dans ses précipices, si un rocher roule sur ses glaces, ce bruit sera isolé ; nulle créature vivante ne lui répondra par un cri de terreur, des oiseaux timides ne fuieront point en tumulte ; les tortueux labyrinthes de ces monts, tapissés d'une neige qui les assourdit, recevront en silence

1. Avalanche.

ce son que nul autre ne suivra. Quel autre que l'observateur de la nature croira que ce vaste tombeau renferme son atelier muet et que, semblable au monarque soucieux qui dans le plus tranquille de son palais songe avec anxiété au bonheur de ses peuples, la mère du monde prépare dans ce séjour, défendu par de si terribles avenues, les fleurs dont elle sèmera nos plaines ?

Ce sont pourtant des observations de détail qui doublèrent pour le contemporain le prix de cet ouvrage. L'esprit du voyageur, toujours en éveil, nous dévoile un monde d'apparences que, sans lui, nous n'eussions jamais soupçonnées. Il faut lire Ramond, après Diderot, pour se convaincre qu'une foule de choses : la linguistique, le folklore, l'étude physiologique de la musique, le sentiment intuitif de l'archéologie, la sociologie, enfin l'étude ethnique de nos origines, toutes choses qui nous paraissent relativement modernes, étaient également familières à des contemporains de Voltaire. Le fond même de la pensée de Ramond est singulièrement actuel. Et c'est peut-être avec Gœthe l'homme de ce temps dont il est le plus permis de faire cet éloge. Il l'emporte même dans la fonction *scientifique*, si le poète sait exprimer plus définitivement les généralités. On ne constatera pas sans un étonnement mêlé de quelque peu d'inquiétude — car d'où proviennent alors les dogmes absolus dont on nous assassine ? — que Ramond fut dès ce temps, comme Chateaubriand un peu plus tard, un champion convaincu du *celticisme* et que, tout en rendant justice aux Latins, il les mettait à leur juste place dans l'histoire de notre culture.

Les premières pages du livre nous apportent peu de renseignements de premier ordre. Elles ont trait aux cantons voisins du Rhin et du lac de Constance. A Schaffouse où il se préoccupe déjà d'évaluer la hauteur de la célèbre chute, Ramond nous raconte sur son ami Lenz, son compagnon de voyage, l'anecdote dont il fut témoin [1]. Il décrit une assemblée de canton et observe à propos de l'allemand qui est parlé dans le pays son extrême douceur, corrélative à celle des mœurs : « Le langage, assure-t-il, a toujours été aux ordres des passions. »

C'est à partir de sa visite à Zürich que l'originalité du commentateur va se montrer. Il est lié avec la plupart des hommes illustres de la Suisse d'alors et sait donner à chacun d'eux la part d'éloge qui leur revient :

J'offrirais un bel exemple aux petits Pindares de toutes les nations en leur montrant dans M. Gessner la simplicité, la candeur, les vertus douces qui accompagnent le vraie génie. Les *écarts* ne caractérisent qu'un fou.

Il dit plus loin :

J'ai vu sans émotion plusieurs hommes célèbres, je n'ai point trouvé dans leur commerce l'espèce d'enchantement que leur nom seul inspire : Lavater[2] seul a surpassé mon attente.

Il se déclare en effet le disciple du grand observateur. — Il a vu encore Bodmer, vieillard de 80 ans, et le loue d'avoir conduit les Allemands à l'imitation des Grecs et préparé Klopstock. Comme Ramond lui faisait observer sa ressemblance étrange avec Voltaire, le poète lui répondit : « Il ne manquerait rien à ma gloire si je ressemblais en tout à M. de Voltaire, mais peut-être serait-il plus heureux s'il me ressemblait davantage. » Bodmer lui donna, avant qu'ils se séparassent, un recueil de vers amoureux de poètes allemands du XII$^e$ siècle, tirés d'un manuscrit confié par le roi de France à la ville de Zürich en 1752. Ce livre est célèbre dans l'histoire littéraire de l'Allemagne.

1. V. p. h.

2. On trouvera dans l'intéressant petit livre de M. P. Ristelhueber : *Un touriste allemand à Ferney en 1775* (Paris, Lisieux, 1878), d'intéressants détails sur le voyage de Gœthe et de Frédéric de Stolberg en Suisse pendant l'été de 1775. Gœthe fut précisément l'hôte de Lavater à Zürich.

Il m'a encore donné, ajoute Ramond, le recueil de ses *Tragedies historiques et politiques*, ouvrage aussi savant qu'intéressant et qui prouve que le genre dans lequel M. le Président Hénaut a échoué n'en est pas moins un genre excellent[1].

En quittant Zürich, Coxe a pris le chemin des grandes Alpes. Son traducteur l'accompagne et fait en passant diverses observations qui nous montrent toujours davantage sa vive intelligence des faits. A propos des *Danses macabres*, qui sont alors répandues un peu partout sur les anciens édifices, il sait exprimer, malgré le mépris de son temps, que ces genres de travaux sont souvent « assez bons pour n'avoir pas été défigurés par les « barbouilleurs qui les ont retouchés. »

En passant sur l'ancienne route du Saint-Gothard il conte les légendes relatives aux différents ponts et relève sur le parapet du Pont du Diable l'inscription :

HIOANELIE

MEIERSEKHELL

MEISTERDESTHA

LSURSEREN

qu'il transcrit *Johann Elie Meyer, Sekhelmeister des Thals Urseren* et explique que ce « trésorier de la vallée d'Urseren » a du être, sinon l'architecte, du moins le magistrat chargé de la construction du pont. Il fait, à ce propos, le plus grand éloge des architectes suisses, renommés à cette époque pour ce genre de travaux.

En parcourant les gorges dénudées de la Furka, il note les causes de la déforestation naturelle des montagnes, cite les observations de Saussure — qu'il a connu professeur d'histoire naturelle à Genève — explique enfin que la source du Rhône est au Saasberg et non à la Furka, erreur encore répandue aujourd'hui.

La partie des *Lettres* qui touche aux environs

---

1. V. p. 31 de cette étude.

de Berne, relatant son séjour parmi les plus belles
populations de la Suisse, est particulièrement
riche en observations morales. Ramond nous laisse
entendre en passant qu'il fut à Lucerne au cours
de ses divers séjours, l'hôte de M. de Pfyffer, le
géographe : on voit qu'il ne négligeait aucune occasion de s'instruire. Après avoir décrit la partie ma-
térielle du voyage, avoir insisté sur l' « exaltation
des sommets » [1], thème cher à certains roman-
ciers modernes et que lui-même reprendra, après
avoir décrit le pittoresque de son logement chez
l'habitant, l'écrivain nous parle du caractère et
des mœurs de ces montagnards. Il assure avoir
trouvé les *Contes moraux* de Marmontel dans la
« bibliothèque » d'une femme du Hasly. Les
rigueurs de l'hiver sont cause, en partie, de ce
développement de l'instruction. C'est au surplus
une race belle et digne d'admiration :

L'habillement des femmes du Hasly a une ressemblance
frappante avec celui des Grecques modernes de quelques
îles [2].

A propos de l'engagement des soldats suisses
qui sont alors si réputés dans divers pays de l'Europe, Ramond observe que ces jeunes gens sont
plus heureux au service de la Hollande, où ils
retrouvent des mœurs et une nourriture analogues
à celle de leur nation qu'au service de la France
et de l'Espagne. Ce sont assurément des races très
antiques que les Bernois, très attachés à leurs

1. P. 240.

2. A voir la façon singulièrement positive dont Ramond s'exprime en
plusieurs endroits au sujet des îles grecques, il y a presque lieu de se
demander s'il y était allé — certains biographes lui attribuent de nombreux voyages vers 1777 — ou si plutôt des relations, que nous ignorons,
l'avaient mis en rapport avec Choiseul-Gouffier (*Voyage en Grèce*, 1782)
dont il eut pu voir les croquis. Le voyage de Choiseul-Gouffier est de
1776. — Si cette hypothèse est fondée, il y aurait lieu d'examiner de très
près les rapports de Ramond et de Chateaubriand, protégé également par
ce savant helléniste. — Cf. p. 259 un nouveau rapprochement avec les
Cypriotes.

montagnes. L'auteur fait à ce sujet un historique
des invasions et, se basant sur de vieilles chroniques, croit pouvoir affirmer que, dans ces pays
retirés, le *celte* était encore parlé à l'époque ro-
maine. Il nous donne ailleurs des étymologies sur
le mot *Balm*, caverne — à rapprocher de la Balme
en Savoie, de la Sainte-Baume en Provence et de
diverses Balm en Angleterre — et sur le mot Alpe
« qui en celte signifiait *haut* » (d'où le terme conduire les troupeaux sur l'Alpe) qui s'emploie seulement en parlant des hautes montagnes, étymologies qui nous. ouvrent des aperçus étranges sur
sa science linguistique. [1]

Ce premier volume se termine par des observations de nature très variée.Après nous avoir amusé
d'un historique de la fabrication des fromages —
un de ses amis en avait goûté un âgé de soixante
ans... — Ramond se livre à des calculs de hauteurs
sur ces montagnes et les compare aux plus élevées
du globe [2]. Il fait un parallèle du Schreck-Horn
(Jungfrau) et du Mont-Blanc et penche en faveur
de ce dernier, Il cite un voyageur alpestre assez
oublié, M. Bourrit (*Voyage autour du Mont-Blanc,
1778 — ?*) et signale le fait curieux que, un peu
avant son arrivée, deux chasseurs de chamois
auraient gravi la première de ces cîmes, réputée
inaccessible il y a encore cinquante ans. A propos des aigles qui dans ces régions atteignent des
proportions exceptionnelles, Voltaire lui a certifié,
raconte-t-il, avoir possédé dans sa cour un de ces

---

1. Etait-ce encore l'influence de Herder ? Ou Ramond fut-il encore en
ceci un grand autodidacte? Le fait est que les observations sont exactes.
Cf. Holder: *Alt-celtischer Sprachschatz*.

2. Il convient, pour comprendre l'intérêt de ces pages, de se souvenir
que l'altitude des principaux massifs européens n'était pas alors définitivement établie. Ramond est un de ceux qui ont le plus contribué à la faire
fixer dans nos régions. On croyait volontiers, à l'époque des *Lettres*, que
l'Etna et le Stromboli étaient les plus grandes montagnes de la terre —
tant était grande la force des lettres classiques... — Ramond ne partageait
pas cette opinion *a priori*.

*lämmergeier* (vautours d'agneaux) de quinze pieds
d'envergure. D'autres atteignent jusqu'à dix-sept
pieds. Il cite encore des combats extraordinaires
entre aigles et bandes de corbeaux et les luttes
féroces que se livraient alors les taureaux et les
ours.

Dans la *Seconde Partie* du voyage qui a lieu dans
le Valais, le jeune écrivain semble partager la tris-
tesse des sites qu'il décrit, son style se fait plus
sobre, ses images plus profondes, comme tenant
à la vie même. Le Ramond des *Voyages au Mont-
Perdu* est dès lors formé.

Il nous conduit, en passant par les mines de
Bex (Ramond note que le fameux Haller a été bailli
d'Aigle), vers les montagnes du Bas-Valais. Il nous
décrit une inondation du Rhône. C'est vraiment une
« dure vallée » que cette route des antiques migrations gauloises (Gallice — Galles, Walles — Wal-
lons — Wallis = Valaisans) terre à peine suffisante,
semblerait-il, à l'existence restreinte de races mal
portantes, enrichies pourtant à force d'effort.
Ramond cite ce Stockhalber dont les descendants
vivaient encore, si gros possesseur de biens meu-
bles qu'il avait accumulé sur sa tête toutes les
convoitises : il narre le procès injuste qu'on lui fit
et compare son existence à celle de Jacques Cœur.

Il n'est pas une de ces notes qui ait vieilli ou
perdu de son intérêt. L'observateur inlassable
observe la nature du limon de l'Arve, cherche l'origine du froid sur les sommets, étudie la progres-
sion des glaciers : il montre à ce propos son attachement au système géologique de Buffon [1].

Les plus curieuses de ces remarques sont relatives à la langue. La profonde connaissance de
Ramond à des idiomes européens lui permet de

1. Ramond cite à ce propos deux ouvrages des plus importants (en parlant de ses nombreux séjours à Genève : le *Voyage* fameux de Saussure
(tome I. Neuchâtel, 1779) et le *Voyage* de la Condamine *sur les montagnes d'Amérique.*

constater que l'allemand du Valais est celui du xiv<sup>e</sup>
et xv<sup>e</sup> siècles, peu altéré. Il explique à ce propos
ce qu'est le roman et commente son rôle dans
le bassin de la Méditerranée [1]. C'est à propos du
« Ranz des vaches » qu'il nous apprend sans doute
les choses les plus extraordinaires. Cet air, rendu
célèbre par Rousseau *(Dictionnaire de musique)*
est, assure-t-il, à peu près oublié dans le Valais,
l'Alsace et la Souabe, où l'on « n'en connaît guère
qu'une ou deux reprises détachées ». Ramond l'a
cependant rencontré entier dans le Kochers-Berg,
en Basse-Alsace, où les habitants, très tradition-
nalistes, dansent également une danse à cinq
temps d'un caractère antique très prononcé. Il est
du reste plus que probable que ce chant célèbre
est un ancien air de danse. Le mot *Ranz = Reihen*
= Rondeau se retrouve en Angleterre même dans
certains airs populaires comme *Sailor's Rant*,
ronde (ranz) du matelot. Cet air prodigieusement
évocateur des montagnes, où il est seulement joué
avec intérêt, ne devait pas, à l'étranger, être exécuté
devant les troupes suisses. Ramond le rapproche
à ce propos de la romance des Mores, traduite
ainsi en espagnol :

> *Passeavase el Rey Moro*
> *Por la ciudad de Granada*
> *Desde las puertas de Elvira*
> *Hasta las de Bivarambla*
> *Ay de mi, Alhama !*

dont l'effet était si cruel, assure la légende, sur
les Musulmans chassés de Grenade [2].

La fin du volume est remplie de dissertations
politiques de Coxe et à peu près dénuée d'intérêt.

---

1. De nouveau ici une note relative à la langue *celtique :* le mot *penn*
signifie *tête*, comme dans l'espagnol *pena*, les mots *Pennines* et *Apennins*.
2. On se souvient volontiers du *Dernier des Abencerages !*

## IV

RAMOND avait attendu sa vingt-cinquième année
pour s'avouer publiquement l'auteur du quatrième de ses ouvrages. Le succès lui était venu. Il
attendit encore huit ans à partir des *Lettres de Coxe*
pour en faire paraître un nouveau. On eût pu
espérer qu'il se soucierait davantage de sa réputation, mais, soit qu'il eût gardé des œuvres nouvelles en portefeuille, soit qu'il ne se jugeât pas
« homme de lettres » il garda le silence, évitant
même de répondre aux observations que l'on faisait sur lui. Les intrigues de cour devaient suffire
au surplus pour l'absorber et lui prendre chaque
heure de son existence. — Et la Révolution allait
survenir, l'arrêter dans son développement. Il eût
pu, malgré tout, être, se sentir un véritable écrivain, retourner aux œuvres d'imagination qui
l'avaient tenté. La Révolution qui, suivant le mot
de Gœthe, « détourna Napoléon vers l'action » [1],
opprima le génie naissant de Chateaubriand, re-
jeta presque entièrement Ramond vers la politique et les sciences. Nous verrons au surplus que
là même il se découvrit des mérites de premier
ordre.

En 1789 Ramond publia ses *Observations dans
les Pyrénées* — il les avait visitées l'année précédente. — Une traduction allemande de cet ouvrage paraissait dans le même temps à Strasbourg.
Ce sera sa dernière œuvre proprement litté-

---

1. « Ne pouvant réussir dans la littérature, il s'était tourné vers l'action. » *Entretiens avec Eckermann.*

raire [1]. Il écrit encore en *voyageur* curieux de
toute chose observée. Les *Voyages au Mont-Perdu*
qui paraîtront eux, douze ans plus tard, seront
une magnifique profession de foi géologique.
L'écrivain percera, certes, sous le savant : mais
l'accablement moral de la Révolution aura donné
avant tout à Ramond, quand l'âge naturellement
l'y poussait, une sensibilité rationnelle. Il faudra
désormais une *foi* et non un *jeu* à un homme si
miraculeusement sorti de la tourmente.

Grimm écrivit au sujet de ce nouveau livre
(*Correspondance.* Juillet 1789) : « *Observations*
« *faites dans les Pyrénées...* deux vol. in-8° par
« M. Ramond de Carbonnières, le même dont il
« est souvent question dans les mémoires du mal-
« heureux procès de M. le cardinal de Rohan ; il
« était alors secrétaire de Son Eminence qui
« l'avait fait entrer dans le corps des gendarmes
« de la garde du prince de Soubise. Il s'est brouillé
« depuis avec son protecteur [2] : a-t-il eu tort ou
« raison, je l'ignore : mais à qui peut juger de ses
« sentiments par ses ouvrages, il est impossible
« de suspecter la délicatesse de sa conduite et de
« ees procédés : il n'a rien écrit qui ne porte
« l'empreinte d'une âme très élevée et très sen-
« sible. »

1. On pourrait citer parmi les mémoires contemporains de voyageurs
célèbres celui de Lady Craven : *Voyage en Crimée et à Constantinople*
(1785-89) traduit en français par Guedon de Berchère. La Bib. Nat. possède, aux MSS., deux recueils curieux touchant aux mêmes préoccupations
que l'œuvre de Ramond : *Sur l'origine des montagnes* par le R. P. de
Lauranon (1776-84) — (cote 9138) — et le *Voyage* de Faujas de Saint-Fond
*dans le Midi de la France* (cote *Nouv.* 749). Cf. au surplus pour les renseignements généraux l'*Abrégé des voyages modernes* par Caillot. Paris,
Dentu, 1826.

2. Il est étrange de voir Grimm, contemporain et presque ami de Ramond, se tromper si singulièrement sur son compte. Y a-t-il là une faute
intentionnelle ? Le Cardinal était si décrié dans tous les milieux que
c'était presque rendre service au jeune écrivain que de lui ôter la charge
de ce nom gênant.

On a vu que quelques-unes de ces remarques
ne sont pas exactes : Ramond resta fidèle à son
protecteur, qui, il faut bien l'avouer, ne le méri-
tait guère — débauché et sot d'esprit par dessus
le marché.

Grimm consacre à l'ouvrage un très long
compte-rendu et s'amuse en particulier aux observations sur les crétins des Pyrénées. Nous retrouverons plus loin ce curieux commentaire. « Nous
« pourrions citer encore, écrit-il, plusieurs autres
« morceaux du même genre qui prouvent qu'à
« l'exactitude, à la sagacité de l'esprit observa-
« teur d'un du Luc [1], d'un Saussure, M. Ramond
« a su joindre quelques fois le style enchanteur
« des Bailly, des Buffon, des Rousseau... Si
« cet intéressant ouvrage laisse quelque chose à
« désirer, ce serait, quant au fond une méthode
« plus claire, quant au style, moins d'abondance
« et quelquefois une simplicité plus sévère. »

Il y a vraiment lieu de s'étonner de l'attention
donnée par la *Correspondance* au livre du jeune
gentilhomme. Car, cette fois, les écrits de cette
espèce ne sont pas rares. Le *Voyage du Jeune
Anacharsis* a paru l'année précédente. Le *Voyage*
de Le Vaillant *dans l'intérieur de l'Afrique par le
cap de Bonne Espérance*, effectué de 1780 à 1785
se prépare à être édité, de même que le si intéressant *Journal* du jeune de Lesseps, attaché à l'expédition de La Peyrouse (1790). Et cette fois
Ramond tombe dans un milieu profondément mo-
difié. La mort de Voltaire est déjà lointaine, les
signes d'une prochaine révolution s'accumulent.
Ducis, Chénier, Letourneur, Mirabeau, Volney,
Bernardin de Saint-Pierre enfin se sont fait connaître et Beaumarchais écrit : « Si quelqu'un est
assez barbare, assez classique...! »

1. *Sic.*

Les *Observations dans les Pyrénées* sont publiées sous le privilège de l'Académie royale des sciences. L'ouvrage est anonyme, mais, par une contradiction curieuse, les dessins, comme toujours de la main de Ramond, sont cette fois signés du nom de l'auteur.

« Des motifs étrangers à l'étude des montagnes — on a vu plus haut ce qu'il en était — amenèrent l'auteur en 1787 au milieu des Pyrénées. » Ce n'est pour lui sans doute qu'un « voyage d'essai ». Déjà il a entrevu pourtant la méthode des fécondes explorations qui se réaliseront dix ans plus tard après tant d'infortunes impossibles à prévoir. Déjà se marque chez le jeune écrivain — Ramond a trente-quatre ans — ce souci des lois naturelles, cette hantise héritée de Buffon, qui devra le conduire aux plus magnifiques hypothèses scientifiques.

Le livre débute par une comparaison générale des Alpes et des Pyrénées puis par un éloge particulier du Béarn. La narration ne commence à s'animer qu'à propos du calcul des hauteurs et des essais d'un seigneur de Foix, rapportés par de Thou dans ses Mémoires. Ramond, à ce sujet, se moque légèrement des anciens. Il marque en passant quelques étymologies — dont celle du mot celtique *port :* ouverture — et, à propos des mines des Pyrénées, signale le rôle important de son ami Mathieu de Favières, collaborateur de leur compatriote le baron de Dietrich.

Avant de pénétrer la vallée de Campan, par Bayonne et l'Adour, dont il nous décrit le charme délicat, l'observateur insiste sur les mœurs des bergers pyrénéens, sur le caractère, nouveau pour un alpiniste, de ces montagnes peu fécondes, où les troupeaux sont maigres et pauvres de laitage mais où les hommes sont courageux. Il signale les antiques coutumes des pasteurs usurpateurs d'autres herbages et l'état de guerre permanent qui existe entre eux de chaque côté de la frontière.

Mais Ramond n'était pas venu dans les Pyrénées pour se livrer à de seules observations ethnologiques. Les belles cimes neigeuses l'attirent et, aussitôt franchis les premiers escarpements il attaque en grimpeur éprouvé les rudes pentes de la Maladetta. Quel écrivain l'égale alors pour traduire l'animation de la marche et l'arrivée sur les sommets ?

La chaleur commençait à se faire sentir et nous avait engagés à prendre un moment de repos. Nous nous étions remis lentement en marche. Déjà les fleurs d'un gazon court et vigoureux, nouvellement découvert par les neiges qui se cantonnaient de distance en distance, me rappelaient les hautes vallées des Alpes et leurs pâturages. L'air était tranquille et parfumé par la lauréole odorante qui commençait à fleurir, car les jours de la canicule font le printemps de ces lieux. Je sentais le charme que j'ai tant connu, tant goûté dans les montagnes, le contentement vague, cette légèreté de corps, cette agilité des membres, cette sérénité de la pensée, si doux à éprouver, si difficiles à peindre ; mes pas se pressaient et mes compagnons ne pouvaient plus me suivre. Je les attendais par intervalles, bientôt je ne pus plus les attendre et, leur abandonnant mon guide, je gravis seul et en droite ligne vers la cime ; je l'atteignis en peu de temps et, du bord d'un précipice effroyable, je vis un monde à mes pieds.

Le confus amas des rochers méridionaux qui, jusqu'à ce moment, avait emprisonné ma vue et fatigué ma pensée, se courbait derrière moi en un vaste croissant et portait désormais ses hauteurs supérieures à cette distance d'où la grandeur cesse d'être accablante. Placé au centre apparent de sa courbure, je voyais mourir à côté de moi ses extrémités. Rien ne s'élevait plus entre moi et les plaines ; je plongeais, comme du haut des nuages, sur leurs vallées et leurs collines, réduites presque au même niveau, et je parcourais d'un coup d'œil la Bigorre, le Béarn, le Couserans, le Languedoc même, jusqu'à ce profond éloignement où une vapeur légère, fondant les limites de l'horizon dans l'immensité des cieux, venait au secours de l'œil et ne lui laissait rien à regretter.

Mais ce qui rappelait sans cesse mes regards, ce qui les reposait délicieusement, c'était les collines et les pâturages qui s'élevaient du fond du précipice vers la pente escarpée du Pic, et formaient un repos entre sa cime et sa base. Là, j'apercevais la hutte du berger dans la douce verdure de sa prairie ; le serpentement des eaux me traçait le contour des éminences ; la rapidité de leur cours m'était rendu sensible par le scintillement de leurs flots. Quelques points surtout fixaient mon attention : je croyais distinguer le troupeau et reconnaître le berger qui, peut-être, regardait planer sur sa tête l'aigle que je voyais, bien au-dessous de moi, décrire de vastes cercles dans les airs.

Le lieu même où je me trouvais n'eut que mon dernier regard. J'avais déjà épuisé le peu de forces que se trouve l'homme qui veut contempler la nature dans son immensité, lorsque je considérais mon étroite station : lorsque je vis que, sur cet âpre rocher, tout n'est pas débris et que les feuillets hérissés du dur schiste qui le compose protègent de la verdure et des fleurs contre la froidure et les ouragans de cette haute région. Le *Carnillet moussier*, riante parure des rochers élevés, et deux ou trois pieds d'une gentiane qui se plait dans les lieux que la neige couvre longtemps et qu'elle abreuve sans cesse, fleurissaient exilés sur cette cime déserte. Quelques insectes bourdonnaient alentour ; un papillon même, parvenu à cette hauteur par les pentes méridionales, voltigea un moment d'une fleur à l'autre ; mais bientôt, emporté vers le précipice, il confia sa frêle existence à l'immense océan de l'air.

Ce sont ensuite des observations sur la population qui, bien curieusement, impressionne beaucoup plus Ramond que celle de la Suisse. Il trouve ces paysans plus pittoresques, plus remplis du sentiment de la nature. Il y a en eux quelque chose de primitif qui le séduit :

Tout le long de l'étroit passage que je viens de décrire nous avions rencontré les bergers des monts voisins de l'Espagne qui en descendaient pour changer de pâturage. Chacun chassait devant soi son bétail. Un jeune berger marchait à la tête de chaque troupeau, appelant de la voix et de la cloche les brebis qui le suivaient avec incertitude et les chèvres aventurières qui s'écartaient sans cesse. Les vaches marchaient après les brebis, non, comme dans les Alpes, la tête haute et l'œil menaçant, mais l'air inquiet et effarouchées de tous les objets nouveaux. Après les vaches venaient les juments, leurs poulains étourdis, les jeunes mulets, plus malins mais plus prudents ; et enfin le patriarche et sa femme, à cheval ; les jeunes enfants en croupe, le nourrisson dans les bras de sa mère, couvert d'un pli de son grand voile d'écarlate ; la fille occupée à filer sur sa monture ; le petit garçon à pied, coiffé du chaudron ; l'adolescent armé en chasseur ; et celui des fils que la confiance de la famille avait plus particulièrement préposé au soin du bétail, distingué par le sac à sel orné d'une grande croix rouge. Naïve image de l'homme qui accomplit le premier pacte que sa race ait fait avec la terre...

Ramond se souviendra toujours avec une secrète émotion de ses séjours parmi les bergers. Il a vécu comme leur égal et en est fier, marchant pieds nus. se nourrissant comme eux de lait cru et de baies sauvages : il a appris parmi eux, lui, causeur fêté des salons financiers, l'inutilité de l'argent. Combien peu pourtant se doutait-il qu'il reviendrait parmi eux cinq années plus tard en fugitif désemparé et en proscrit !

L'observateur revient à ses études géologiques : il cite ses prédécesseurs, l'abbé Palasso et M. Darcet, il observe justement que *gave* chez les Celtes signifie *eau* (gab). Puis il entreprend la description des passes de Gavarnie, décrit leur ascension difficile, interrompues pittoresquement par la rencontre d'un contrebandier qui les met en joue. Les premières tentatives ne sont pas heureuses et Ramond rentre dans la vallée n'ayant pu déchiffrer, pour cette fois, l'énigme singulière de ces montagnes enchevêtrées.

Je repris la route de Gedro où j'arrivai au coucher du soleil. A chaque pas je sentais changer la température. Du haut du rocher à Gavarnie j'avais passé de l'hiver au printemps, de Gavarnie à Gedro je passais du printemps à l'été. Ici j'éprouvais une chaleur douce et calme. Les foins nouvellement fauchés exhalaient leur odeur champêtre, les plantes répandaient ce parfum que les rayons du soleil avaient développé et que sa présence ne dissipait plus. Les tilleuls, tout en fleurs, embaumaient l'atmosphère. J'entrai dans cette maison où l'on voit les cataractes cachées du Gave de Héas. Au fond de la cour il y a un rocher qui les domine et j'allai m'y asseoir. La nuit tombait et les étoiles perçaient successivement et par ordre de grandeur le ciel obscurci. Je quittai le torrent et le fracas de ses flots pour aller respirer encore l'air de la vallée et son parfum délicieux. Je remontais lentement le chemin que j'avais descendu et je cherchais à me rendre compte de la part que mon âme avait dans la sensation douce et voluptueuse que j'éprouvais. Il y a je ne sais quoi dans les parfums qui réveille puissamment le souvenir du passé. Rien ne rappelle à ce point des lieux chéris, des situations regrettées, de ces minutes dont le passage laisse d'aussi profonds souvenirs dans le cœur qu'elles en laissent peu dans la mémoire. L'odeur d'une violette rend à l'âme les jouissances de plusieurs printemps...

Ramond revient à ses histoires de contrebandiers pour protester contre les barrières économiques et faire la louange de *l'ordre naturel* : le

Ramond de la Législative apparait déjà ici. Ces théories idéales ne l'empêchent pas de retourner deux pages plus loin à ses études objectives. A propos des glaciers par exemple il observe curieusement que les couches de neige s'y superposent en forces et en couleurs différentes et que l'on y reconnaît ainsi les années comme dans l'écorce des arbres. Il s'étend ensuite longuement avec éloge sur les travaux de ses prédécesseurs : de Luc, Vidal et Reboul [1], celui-ci également peintre — et cite leur nivellement du Pic du Midi de Bigorre, alors fameux dans les milieux scientifiques.

Un tel livre est une promenade perpétuelle à travers les imaginations de l'auteur. C'est pourquoi il ne nous lasse point. Après nous avoir arrêté un instant aux cabanes du Tourmalet, Ramond nous raconte soudain les amours incestueux de Jean V, comte d'Armagnac et de sa sœur Isabelle, son expiation, son retour au pouvoir sous Louis XI, sa révolte et enfin — suprême châtiment — quand il a vu son fils, le beau fruit de son union incestueuse, tué sous ses yeux dans Lectoure, son assassinat parjure sur l'ordre des capitaines du roi : drame superbe, singulier, dont l'imagination de Ramond fut sans doute hantée et qui dut lui donner plus d'un regret d'avoir abandonné sa première manière littéraire, si même il ne la reprit pas.

Le caractère imprévu de ce journal de voyage déconcertera beaucoup d'esprits. Mais la *vie* est-elle raisonnement et méthode ? Ramond nous a

---

1. L'auteur de cette étude n'aura pas de peine à se faire pardonner une citation que l'on peut estimer intéressée — ou puérile. Les deux derniers savants, dont le nom reviendra souvent dans les *Voyages au Mont-Perdu*, étaient alors célèbres par leurs calculs de nivellement des hautes montagnes. Ramond ne peut moins faire que de citer des prédécesseurs qui étaient en même temps ses amis.

assez démontré qu'il savait user de l'un et de l'autre pour que nous lui fassions grâce de ses libertés narratives. Nous traversons ainsi des observations curieuses sur les deux caractères de montagnards que l'on trouve dans les Pyrénées — l'un le type supérieur, le Celte, l'autre hérité des Visigoths anciens envahisseurs du pays. Ramond, celtisant convaincu, voit dans les Basques même un rameau de cette race illustre et s'attache à marquer toutes les désignations géographiques qu'il juge leur appartenir.

Mais soudain on retourne aux tableaux de la nature :

Du gros vin, transporté dans une outre, du pain de seigle et quelques oignons furent pour nous un délicieux repas sur les bords du lac de *Seculéjo*, et nous nous y reposâmes quelques moments pour ménager plutôt que pour réparer nos forces qui allaient bientôt être plus exercées. La nature n'était pas ici dans cette tranquillité qui annonce de beaux jours. Le ciel quoique pur recelait des orages. Le vent du Sud tombait en rafales sur la surface du lac, dont les eaux soulevées allaient briser leurs lames contre le môle du rocher qui en soutient le poids et qui le suspend au-dessus du val de Lasto. Je ne sais quelle inquiétude répandue dans l'atmosphère semblait ressentie par la terre et les eaux. Elle agissait non seulement sur la mobilité des feuillages qui frisent la surface du lac, sur l'herbe flottante qui en couvre les rives et dont les touffes se balançaient sur un écueil qui s'élève au-dessus des vagues mais l'immobile enceinte même du désert en paraissait affectée et ce sentiment involontaire qui nous fait attribuer aux êtres inanimés la connaissance des présages qu'ils nous transmettent trouvait dans la pâleur de ces monts, éclairés par une lumière moins affaiblie que décolorée, de quoi les croire émus du trouble secret de la nature et sensibles au pressentiment de la tempête.

. . . . . . . . . . . . . . . . . .

L'ouragan, qui nous avait menacé depuis le matin, approchait et l'air de ces hauteurs était dans une agitation violente. Les nuées, emportées avec une extrême vitesse, se brisaient contre les sommets qui nous dominaient et roulaient confusément le long de la pente que nous avions montée...

Et le voyageur, saisi par la beauté du spectacle, formule tout aussitôt le rêve que tant d'amis des montagnes ont fait : habiter loin du mouvement, de l'agitation des hommes, une demeure isolée sur les sommets. Les nécessités de la marche le font retomber dans le genre familier. Ramond nous offre alors un tableau pittoresque des erreurs et des discussions des guides et s'amuse de leur crainte de s'aventurer sur la neige qu'ils ne pratiquent point si familièrement que les habitants des Alpes. L'ironie légère de l'écrivain s'étend parfois à des observations naturelles : il nous décrit une vallée « tapissée d'une herbe épaisse et courte et « grotesquement ornée de sapins noueux attachés « aux rochers empilés qui l'enferment... »

Tout pour cette imagination indomptée est sujet de comparaisons, de disgressions, de fuites aux infinis de sa sensibilité. Après nous avoir conduit de Vénasque et de son hospice aux roitelets du Northumberland, nous avoir montré ailleurs la rude Maladetta et l'attirance certaine des sommets difficiles pour chaque homme supérieur, il nous fait pénétrer la fabrication des fromages (il n'en existe point de bons, assure-t-il, hors des Alpes!) — nous conduit à Saint-Mammet dans les manufactures de cobalt du comte de Beust, son compatriote, ou aux bains de Bagnères qu'il fera le premier connaître à la capitale.

De ces disgressions pourtant aucune n'atteint à la portée de celle que Grimm a justement relevée sur les goîtreux et les cagots des Pyrénées, source pour l'auteur des *Observations* d'une théorie ethnique d'un grand intérêt.

Ramond avait déjà étudié les crétins et les goîtreux dans certains pays de montagnes — dans le Valais, par exemple — et constatait leur multiplicité et leur rassemblement en des points précis en dehors de toutes conditions géographiques et climatériques. Il les retrouve dans les Pyrénées en grande abondance et ne croit pas pouvoir attribuer leur origine à un seul accident physiologique, causé surtout par l'abus de certaines eaux : il en fournit des preuves. Il y a là plutôt pour lui une question de race et il signale justement ce préjugé d'une *race maudite* qui se retrouve dans les traditions de plusieurs provinces de l'Europe occidentale. Ceci est l'occasion d'un bref historique des deshérités que l'on nomme *cacous* en Bretagne, *coliberts* à La Rochelle, *cahets* en Guyenne : tenus à l'écart partout, ils ont leur place marquée à l'église comme dans la vie économique. Ramond les rapproche des lépreux, dont il constate qu' « Ambroise Paré a pu décrire leur état sans « rien connaître de leur origine ». Une longue recherche analytique parmi le désastre des invasions, le conduit à penser que des Goths, peuple remarquable de discipline, mais *arien*, c'est-à-dire objet de scandale et d'aversion pour les chrétiens orthodoxes, vaincus et disséminés en dernier lieu par les Arabes, durent être dans les Pyrénées la souche première de ces réprouvés. Les Francs eux-mêmes, soutiens des évêques, quoique de race sœur, observe avec sagacité l'écrivain, devaient être amenés à traiter durement les débris malheureux d'un grand peuple. Cette théorie, d'une vigueur vraiment extraordinaire, se termine par un exposé de la *sélection* qui devait nécessairement découler des premiers accidents matériels survenus aux Goths. Ramond croit bien pouvoir

affirmer qu'eux et les peuples qui pareillement
ont eu à souffrir d'un grand préjugé de race sont
l'origine des dégénérés héréditaires que l'on trouve
en bien des pays.

De telles hypothèses, venant bien avant Chateaubriand et Augustin Thierry, à une époque où les fantaisies philologiques et historiques de Voltaire n'étaient pas encore lointaines, auraient sans doute du suffire à immortaliser le nom de l'écrivain. Mais l'esprit scientifique, que lui-même allait contribuer à former avec toute la génération des Monge et des Laplace, n'était pas encore né en France. A peine apercevait-on sous le savant critique un philosophe imaginatif de premier ordre. Ce n'était point assez pour lui assurer la faveur d'une « mode » déjà dominante. Et la Révolution allait survenir ! Ceci sonne comme un glas dans toutes les œuvres des hommes de cette fin de siècle. De là vient sans doute que le groupe des romantiques, qui doit presque tout au mouvement d'idées mis en faveur par Ramond, l'ait ignoré à peu près complètement. (Il convient de dire « à peu près » : la réédition des *Aventures du jeune d'Olban* par Nodier (1829) est déjà un bien remarquable hommage). Mais nos contemporains, eux, l'ignorent davantage. Et qu'est-il de plus singulier que de voir de récents investigateurs, cherchant parmi nos peintres de la nature un prédécesseur à Chateaubriand, *découvrir* le « pauvre philosophe Bernardin de Saint-Pierre » oubliant jusqu'à Buffon, oubliant jusqu'au plus grand et au plus libre de ses disciples, jusqu'à celui peut-être qui est le plus grand novateur littéraire de ce XVIIIe siècle après Diderot et Rousseau ?

La fin de la *première partie* des *Observations* est surtout un exposé pittoresque des soucis du voyageur dans les montagnes. Des périls, qui sont réels, Ramond ne prend que le côté distrayant pour le lecteur.

Le matin, les muletiers ne pouvant passer le pont retournèrent à leurs foyers et je vis qu'il fallait attendre encore. Un orage inépuisable enveloppait les montagnes ; les torrents étaient gonflés, les passages impraticables. Comme on espère toujours, nous espérions voir arriver, vers midi, les muletiers d'Espagne qui nous diraient que de leur côté le temps était moins mauvais... Les muletiers ne venaient pas plus que le corbeau de Noé : déluge partout.

Des observations froides, saisissantes, sur la cabane d'un berger mort, sur l'ensevelissement des explorateurs par la brume, font valoir davantage ces retours sur le passé dont l'écrivain a le secret. Philosophie du désir de connaitre, théorie de la formation des montagnes, notes sur l'utilisation des eaux dans les Alpes - utilisation que l'on ignore ici — souvenir du phare de Cordouan où le montagnard s'évoque dans une barque de pilote, pendant un orage, tout est à Ramond prétexte de surprendre et de soutenir notre attention dans la monotonie du trajet. On atteint ainsi le sommet du pic.

Combien le lecteur ne devait-il pas rester dans l'expectative quand, à la fin de son premier livre, l'auteur des *Observations* annonce qu'il prépare une autre « suite d'observations intéressantes dont il espère enrichir ce qu'il lui reste à dire sur la Suisse » ? Combien ne faut-il pas déplorer la barbarie des envahisseurs de 1814, qui ont détruit tant de chefs-d'œuvres certains — nous otant presque la possibilité de connaître l'un des plus grands écrivains que nous ayons eu ?

La deuxième partie des *Observations dans les Pyrénées* donne surtout le résultat scientifique des divers séjours du savant. Le fameux voyage de Saussure au Mont-Blanc (*Journal de Paris*, 31 août, 1, 4, 5 sept. 1787) est la source, le guide de toutes les recherches qu'il a faites en matière de géologie. Ramond est justement fier d'être parvenu à modifier l'opinion de son maître Buffon sur la formation des glaciers. Ses notes sur l'influence des hauteurs sur la végétation, ses observations physiologiques dans les grandes altitudes le rendent dès lors célèbre dans les milieux scientifiques.

Il nous convie à une magnifique évocation de l'origine du globe, prenant la base de sa théorie dans « la brillante hypothèse de l'incandescence de notre planète ». (Citation des *Epoques de la Nature*. Buffon venait de mourir, 1788), et termine sur cette envolée singulière :

« Le passé est mort pour nous, nous dit-il. »

Ainsi cherchant en vain à sortir du cercle des connaissances qui nous étaient livrées, nous sommes laborieusement revenu à ce point au-delà duquel l'antiquité ne voyait rien, à ce vieil Océan que les premiers philosophes regardaient comme l'origine des choses et le père de la Nature.

Contentons-nous donc de ce qui les satisfit. Il se pourrait que ce qu'il y eut avant cette période et ce qu'il y aura après, n'appartint ni aux sens, ni à l'esprit de l'homme qui ne reçut d'intelligence et de sensibilité que pour les choses qui coexistent avec lui. Il suffit que les faits soient d'un autre ordre que ceux qui se répètent sous nos yeux pour être à jamais hors de la portée de notre entendement. Condamnés à ne connaître l'Univers que dans son rapport avec nos organes, rien n'existe pour nous que ce dont nous avons vu des exemples ; et nos conjectures, tournant sans cesse dans le cercle étroit de l'analogie, s'arrêtent devant des faits inobservés et inouïs comme devant le néant. Et quelle chose a jamais commencé ou fini devant nous ? Réduits à la connaissance des formes et des changements de formes, nous n'avons jamais vu et conçu que des combinaisons et des disparitions. Notre être même ne nous est sensible et connu que par ses apparences ; et nous ne savons rien de nous que

ce que nous voyons ou sentons en nous ou dans les autres... Un petit nombre de rapports de la coexistence est
donc tout ce qui peut être à notre portée. Des abîmes que
nous ne sonderons jamais sont autour de nous et en
nous. De là sortent et là retombent des apparences fugitives où nous cherchons en vain des causes et des effets,
puisque nous ne saurions les poursuivre au-delà d'un
changement de formes ; là se montre dans une ténébreuse
profondeur le champ immense que peuplerait de conjectures, s'il était livré à lui-même, l'esprit qui s'occupe des
modes d'existence qui ne tombent pas sous nos sens ; et
l'univers où nous sommes, réduit dans son étendue à
celle qui embrasse nos organes, dans sa substance à un
groupe d'apparitions, dans sa durée à celle de leurs formes, fut, pour d'anciens philosophes un problème si difficile à résoudre, une circonstance de l'être si incompréhensible, qu'ils ne purent s'en former l'idée qu'en
imaginant le transport de choses réelles et infinies, de
l'éternité dans le temps et de l'immensité dans le lieu, en
sorte que le visible ne leur parut plus que vision et qu'ils
ne trouvèrent dans le monde sensible qu'une grande allégorie de celui qui ne l'est pas...

N'est-ce pas Kant qui apparaît ici[1] ? Et ne
devons-nous pas nous laisser aller à l'étonnement,
quand, au bas de cette page philosophique comme
il en existe peu dans notre langue, nous voyons
citer Salluste, Platon, Pythagore, les Gnostiques,
les Esséniens et les Allégoristes, les Thalmudistes
comme enfants d'une même tradition qui est « le
fondement même de toute espèce de *Cabale* » ? —
Voilà à quoi sert d'avoir servi dans l'antichambre
du magicien Cagliostro !

Il vaut mieux terminer l'examen du livre sur ces
aperçus singuliers. Ce que Ramond nous dira plus
loin des mines et de la condition des habitants,

1. Cf. par ex. les *Rêves d'un visionnaire expliqués par des rêves de la
métaphysique* (1766) contre Swedenborg.

des citations de voyageurs anglais (Carvez. *Voyage
dans le Nord de l'Amérique,* 1766-68), ses hypothèses ethnologiques qui le conduisent des Phéni-
ciens prédécesseurs de Colomb aux Pélasges
« celtes d'origine » — à travers un nouveau tableau
extraordinaire des migrations humaines, émaillé
de citations anciennes — à cet éloge des Basques
enfin que Ramond considère comme un fragment
du rameau celte (les Calédoniens sont leurs frè-
res) — tant de singuliers aperçus qui nous montrent l'archéologue se mêlant au grammairien, le
naturaliste s'inquiétant de causes économiques,
cela tout ensemble s'efface devant le nouveau
caractère dévoilé de l'écrivain qui les renferme
tous. Ramond est un grand « penseur ». Il s'intéresse à la vie et aux êtres de la même manière que
son compagnon d'université Gœthe. Tous deux
sont terriblement objectifs. Tout pour eux est partout relief de leur prodigieuse sensibilité, car chez
de tels hommes le subjectif poussé à l'universel
se résout en objectif absolu. Si l'intérêt de ce qu'ils
expriment demeure pour nous inégalé, c'est justement que leur parole est l'écho même, supérieur,
de la commune pensée des hommes. L'écrivain,
penseur complet, atteint au simple par la généra-
lité de sa perfection. Il est *homme.* De même qu'il
est impossible pour un esprit sain d'avoir de l'an-
tipathie pour une chose *naturelle,* de même il ne
doit pas, il ne peut pas humainement se faire que
l'on découvre des ennemis intellectuels *logiques*
à un Gœthe ou à un Ramond.

Voilà une des raisons qui nous font doublement
regretter la perte des manuscrits de cet écrivain.
— Il ne convient pas en effet de trop abandonner
au fait acquis, sinon quel intérêt portons-nous à
ce qu'Homère ou Shakespeare soient auteurs de
leurs propres œuvres ? — Elle nous console en
même temps si nous constatons que tels tempéra-

ments sont unités et ne livrent l'aspect que d'une pensée entière : nous ne pouvons lui souhaiter une forme plus neuve, un intérêt plus immédiat ; à peine, si les sujets généraux laissent, de notre point de vue, à désirer, devons-nous nous souvenir encore que les formes littéraires passent et que l'expression humaine demeure.

V

Ramond terminait à peine son livre par l'appel
« à la République des Gaules » dont nous par-
lons plus haut, que les circonstances allaient
l'entraîner dans la Révolution plus loin qu'il ne
l'eût jamais désiré.

Il ne faut pas songer à suivre l'écrivain dans ce
renouveau de sa carrière politique. Il avait appris
auprès du cardinal de Rohan toutes les finesses de
la diplomatie : il était assez maître de sa parole
pour jouer un rôle. On a vu qu'il n'y manqua point.
Le recueil des actes de la Législative donnera aux
historiens l'explication de son évolution politique.
« Il s'était mis naïvement, il nous le dit lui-même,
« du nombre de ces petites puissances qui pen-
« saient conduire la Révolution et que la Révo-
« lution eut bientôt entraînées. » Mais au milieu
des soucis d'ordre extérieur il n'oubliait pas son
originalité propre d'affimation.

Si, au début, il n'a pas encore tout à fait vaincu
sa modestie et se contente d'unir l'action régionaliste au culte fervent des doctrines nouvelles, il
ne tardera pas, une fois conquise sa place à la
Législative, à marquer la profondeur de ses vues
politiques.

La *Lettre au rédacteur du Journal* (1790), que
l'on trouve à côté d'un article de Condorcet « sur
l'admission des femmes au droit de cité », n'est
rien qu'un nouvel hommage rendu à la province
natale. Ramond signale la fête de la fédération
qui vient d'avoir lieu à Strasbourg [1] et traduit

1. Le nº précédent du *Journal* renferme le discours prononcé par le
commissaire royal à cette même fête.

l'ode « *Alsa* » qu'a composée pour la circonstance son ami le fabuliste Pfeffel, de Colmar.

En recevant ces strophes qu'un chant simple et populaire accompagne, je me suis rappelé, ajoute-t-il, ces jours où, réunis à Schinznach, au milieu de la société helvétique, nous chantions avec ces vertueux républicains les chants de liberté de la Suisse ; et c'est avec un sentiment inexprimable que j'ai chanté dans la même langue la liberté de ma patrie près des ruines de la Bastille.

L'*Opinion sur les lois constitutionnelles* (1791) a vraiment une tout autre allure C'est, depuis Montesquieu, avec plus de méthode et souvent en opposition avec lui, la plus forte tentative de concilier en langue française les doctrines de raison et les soucis de la réalité. La lecture de ce petit livre est encore aujourd'hui profitable : l'on en mesurera la maturité en le comparant par exemple à quelques « utopies » antinomiques, à l'*Esquisse* de Condorcet (1774), aux *Considérations* de J. de Maistre (1776), ou bien aux fameux mémoires de La Chalotais *(Essai d'éducation nationale,* 1763) et du bouillant marquis de Mirabeau *(L'Ami des hommes,* 1756). Celui qui serait tenté de rapprocher Ramond de Rousseau comprendra ici seulement l'abîme profond qui se creuse entre le grand penseur scientifique et le prophète intuitif de toutes les lubies de son imagination. Ramond écrit comme Rousseau [1], mais en se réclamant de Buffon, sur des documents positifs que clarifie sa raison. C'est pourquoi cet écrivain, ayant du sang allemand dans les veines, admirateur de l'une et l'autre culture, est peut-

---

1. Ramond cite peu, comme la plupart de ses contemporains — ce qui explique qu'il ait été peu cité — ; le nom de Rousseau apparaît une seule fois dans ses ouvrages (à propos du *ranz* des vaches v. p. h. : citation du *Dictionnaire de Musique*).

être en son temps le plus définitif spécimen du caractère français tel que nous l'ont laissé apparaître Rabelais, Molière, Vauban, Rameau, Claude Gellé ou Turgot.

Si la lutte effective entre les idées du *Contrat social* et celles de l'*Opinion sur les lois constitutionnelles* se résout à l'avantage des premières, l'histoire nous laisse assez le regret que les contemporains de Ramond, plus clairvoyants, n'aient pas cherché l'épreuve des doctrines politiques qu'il soutenait. Après un siècle de révolutions nous nous en rapprochons peu à peu. Bien des erreurs cruelles eussent peut-être été évitées. La sagesse prévoyante de cet écrit nous conduit aux problèmes mêmes qui sont la base des discussions actuelles — avec quel sens aigu des contingences et du caractère national ! Le livre de Ramond aurait pu être, s'il l'avait voulu, d'un haut enseignement pour Condorcet son aîné : il est l'étape nécessaire qui ouvre l'accès de cette œuvre, tragique par les circonstances où elle fut composée, œuvre belle et prophétique d'ailleurs, l'*Esquisse d'un tableau historique des progrès de l'esprit humain*. Ramond possédait en effet — seul peut-être de ses contemporains — avec le goût du rêve le sens français des *réalités morales* [1].

Cette brochure qui nous occupe suffit à montrer la place singulièrement active prise par Ramond, commissaire de la « Société de 1789 » dans la préparation des rapports à l'Assemblée. Il se dresse ici contre M. de Casaux, un médiocre idéologue à la Montesquieu et contre les partisans irréfléchis de l'anglo-américanisme. Au début

---

1. Que l'on se souvienne, si l'on en a le désir, des petits jeux de la Reine, à Versailles, des fantaisies débutantes du journalisme (Cf. notre étude : *Revue des Lettres et des Arts*, juillet-août 1909) ou de la philosophie lyrique de M^me Roland. Bonaparte écrivait alors son *Discours de Lyon* (1791).

7.

de la crise de ces « constitutions » qu'aucune des assemblées de l'époque n'est parvenue à rendre définitives, Ramond marque en termes d'une vérité permanente et le vague du mot *constitutionnel* et la distinction fondamentale des lois naturelles et des lois civiles que ces assemblées n'ont guère observée.

Que ne puis-je, Messieurs, vous rendre perceptible cette lueur qui éclaire en ce moment ma pensée ! vous dépeindre cet état futur des sociétés où la simple application des cas aux principes fera toute la gloire et la puissance de ceux qui gouvernent les hommes : où les élus, qui sont au centre de la société pour en rassembler et en perfectionner les volontés, auront dépouillé l'orgueilleux vice des législateurs et ne seront plus que des docteurs de la loi ; où nul n'ignorera que l'on ne fait pas de loi mais qu'on en découvre et qu'on en déclare... Mais rendons grâce à la destinée qui nous a fait contemporains de cette époque où déjà un ordre de lois est sorti du règne de l'arbitraire !...

Ramond différencie des lois de police et d'administration — « une lieue de distance peut les déplacer, une année d'âge les vieillit » [1] — et des lois de convention sociale qui *constituent* la société. Il en est naturellement amené à chercher celles qui doivent former la Constitution de celles que l'Assemblée a décrétées. Nous suivrons pas à pas les paragraphes de son analyse.

(Titre I). Touchant l'affirmation légale fonda-

---

1. On entrera assez dans la profondeur de cet aperçu en pensant combien nous avons méprisé sa réalité. Le Code dit Napoléon par exemple — et le Code pénal en particulier — œuvre hâtive de l'aveu même de ses auteurs, régit encore notre société française à cent ans de distance, quand les grands pays soumis à nos armes, qui en ont profité, ainsi l'Allemagne, ont su tirer de ce cadre les éléments d'une jurisprudence infiniment plus moderne. Parler pourtant de la réforme du Code, c'est offrir une image d'un vice incroyable à l'imagination conservatrice de beaucoup de Français.

mentale, Ramond examine la *Déclaration des droits* et fait observer — respectueusement — son incohérence. Elle vise, observe-t-il justement, la noblesse et le clergé et ne dit rien du mariage, de la juridiction paternelle, de la faculté de tester — première confusion des grands principes sociaux et des lois simplement réglementaires.

Après avoir ainsi étudié (Titre II) les droits garantis par la Constitution, l'auteur fait l'étude comparative des pouvoirs et des lois (Titre III). Il a, sur l'organisation des ministères, des pages qui annoncent l'œuvre du Consulat [1]. Il remplace nettement le sentiment par la critique et s'en vante. Qu'on lise ce qu'il écrit au sujet du *décret* (sur la délibération des lois).

Je l'ai cru souverainement constitutionnel, non pas, comme M. de Casaux, parce qu'il est souverainement important, mais parce qu'il est souverainement constitutif de l'organisation du gouvernement.

Au point de vue législatif général. Ramond ne désire pas deux Chambres. Il se peut ici que la théorie l'ait entraîné plus loin que la pratique des faits. Des événements immédiats allaient faire l'expérience du régime parlementaire réduit à un seul « creuset » et des dangers qu'il comporte.

Au titre IV est traité de l'Ordre public (police, justice). Le rôle des *municipalités* y est admirablement prévu, tel qu'il ne commencera à se réaliser que sous la troisième République. Ce chapitre s'ouvre surtout en aperçus singuliers sur la *munificence sociale* (assistance publique) et sur l'*instruction publique* que Ramond, précédant les

---

1. Il n'y a, au surplus, aucun doute pour nous que Bonaparte, camarade plus tard de Ramond à l'Institut, n'ait connu et mis à profit l'enseignement de ses écrits. Il eut eu, sans cela, de moindres raisons de s'attacher un homme qui n'était pas courtisan, et, le redoutant, de lui confier un rôle important dans l'administration impériale.

grands hommes d'Etat contemporains, met « au
« premier rang des droits de famille et par consé-
« quent au premier rang des droits naturels. »

Il insiste enfin sur l'absurdité d'une « religion
constitutionnelle ». — Quelle chose étrange, pro-
clame-t-il, que de vouloir proposer une métaphysique constitutionnelle ! Et toujours suivant son
raisonnement favori il déclare que ce n'est pas en
raison de l'importance sentimentale mais de la
valeur constitutive qu'il convient de donner entrée
aux lois dans l'Etat.

Les deux dernières parties de l'ouvrage sont
consacrées à l'étude de la force nationale (Titre V)
que Ramond divise en force municipale et proprement nationale, et des contributions publiques (Titre VI). L'auteur se rallie évidemment ici
aux profonds aperçus de Turgot.

L'originalité de cette étude réside en ceci : c'est
que s'affirme à nouveau pour un tempérament
français, pour un grand écrivain imaginatif la
possibilité de soumettre les déductions aux
faits, pour un philosophe objectif la possibilité
d'abdiquer à la fois et des entrainements plus
obscurs et le préjugé du milieu, de s'élever d'un
seul coup, ajoutant la profondeur à la grâce, jusqu'au niveau des subtilités inductives d'un Herder
(*Idées sur la philosophie de l'histoire*, 1785-91) ou
à la noblesse d'un Fichte [1].

Il convient de joindre à ces écrits de la période
révolutionnaire, aux travaux et aux discours de
l'Assemblée, une énorme correspondance, malheureusement en grande partie détruite et aussi
deux ou trois opuscules qui repoussent jusque
sous l'Empire l'expression de certaines idées politiques de Ramond.

---

1. *Rectification des jugements du public sur la Révolution française*
(1793). Cf. également Hegel : *Philosophie du droit* (1821).

Que l'ancien proscrit du 10 Août ait pris, après le 18 Brumaire, fait et cause pour Bonaparte, il y a peu de raison d'en douter. Le goût de Ramond, en dehors de toute préoccupation sentimentale, était pour ce qui était ordre et méthode. Le déplorable état de la France d'alors, tant de crises et d'ambitions diverses, montraient avec trop d'évidence à son patriotisme la seule possibilité de relèvement. Les menées de l'étranger qui cherchait une nouvelle Pologne, le séparatisme régionaliste se faisaient alors redoutables. Une main ferme peu scrupuleuse sur le choix des moyens, celle d'un soldat était à peu près nécessaire : Hoche était mort — qui s'imposait avec plus de faveur à l'attention que l'étourdissant conquérant de l'Egypte ? Les bonnes grâces de Bonaparte, membre de l'Institut, devaient lui conquérir plus d'amis précieux que bien des campagnes. Il n'y avait dans cet homme jusqu'à présent que des raisons d'admiration et d'amour : on aurait mauvaise grâce à ne pas rendre justice au sentiment presque unanime des contemporains. Ramond n'avait que des raisons de s'incliner devant des faits qui intéressaient sa philosophie historique. Quand, à la création des nouvelles organisations départementales, le Premier Consul lui offrit une préfecture, il refusa pourtant. Il tenait à sa liberté.

La brochure *Naturel et Légitime* (1804), répandue presque officieusement dans les milieux intellectuels, fut la récompense des avances de Bonaparte. L'auteur — s'il n'est pas Ramond, il exprime bien curieusement des idées qui lui sont chères, si c'est lui, son autorité se double de sa situation au Corps Législatif — l'auteur entreprend l'historique moral de la royauté, trouvant dans les changements de dynastie et l'hérédité pourtant inhérente à chacune d'elle, la justification du régime qui se prépare. Nous n'osons solutionner la question d'attribution de cet écrit, quoiqu'un passage d'une lettre citée (à St-Amans, 19 février 1827) nous parle du « lieu *malheureusement* célèbre par l'enlèvement du duc d'Enghien ». Si Ramond avait une opinion défavorable de ce fait politique (mars 1804) pourquoi a-t-il pris la défense de son auteur ? Ou sa brochure est-elle antérieure ? [1]

Il vaut mieux — même comme intérêt philosophique — porter un peu de notre attention, à défaut de la *Lettre à Chateaubriand* si regrettablement introuvable, sur ce *Discours pour l'ouverture du Lycée de Clermont* qui mériterait d'être dans toutes les bibliothèques de nos écoles. Le rôle de l'enseignement, sa partie sociale, la situation des Français dans l'univers, nos origines, ce sont autant de bases à des appréciations d'un patriotisme éclairé qui donneraient aide et satisfaction à la célèbre formule : « La patrie c'est « l'immortalité de l'homme sur la terre ».

Ramond célèbre les trois siècles de notre culture : celui de Charlemagne, celui de Louis XIV, l'époque où il vit. Son nationalisme répugne pourtant à toute théorie que l'on puise aux autorités classiques — même dans l'autorité d'écrivains antérieurs. Son « romantisme » n'est point mort dans l'assagissement des épreuves et les nécessités représentatives. Il veut être Franc, Celte plutôt que Romain : il croit que la formule idéale de notre nationalité *commence* seulement de s'établir.

Il a des formules saisissantes :

L'heure des révolutions sonne, Messieurs, quand la succession des temps a changé la valeur des forces qui concourent au maintien de l'ordre social : quand les

---

1. Nous avons indiqué, dans la bibliographie de cette étude, que la brochure *Légitime et Nécesssire*, qui semble répondre à la précédente, était demeurée jusqu'ici introuvable.

modifications que ces forces ont subies sont de telle
nature qu'elles portent atteinte à l'équilibre des pouvoirs ;
quand les changements imperceptiblement survenus dans
les mœurs des peuples et la direction des esprits sont
arrivés à tel point qu'il y a contradiction inconciliable et
manifeste entre le but et les moyens de la société, entre
les institutions et les habitudes, entre la loi et l'opinion,
entre les intérêts de chacun et les intérêts de tous ; quand
enfin tous les éléments sont parvenus à un tel point de
désordre qu'il n'y a plus qu'un conflit général qui, en les
soumettant à une nouvelle épreuve, puisse assigner à
chaque force sa mesure, à chaque puissance sa place, à
chaque prétention ses bornes...

D'autres fois il marque en deux mots les nécessités qui s'imposent aux pédagogues. « Nous
« sommes Français, et il est certes bien temps de
« s'en souvenir ! » — « Le mécanisme des langues
« est soumis à des lois d'une métaphysique très
« profonde ». Plus de latin de collège : des lettres,
et autant qu'elles sont susceptibles de développer
le génie de l'homme, mais aussi des sciences. Il
convient avant tout que les maîtres de la jeunesse
vivent avec leur temps. Ramond termine par cet
avertissement :

Les maximes n'ont de prise que sur la mémoire : l'exemple seul a le pouvoir de commander aux mœurs. Soyez
juste si vous le (l'enfant) destinez à l'être, soyez sage si
vous voulez qu'il le devienne... Certes vous ne confie-
rez pas d'heureux germes à une terre stérile... Comptez
sur vos disciples : le sage se fie à la nature humaine, le
pédant la calomnie et ne voit qu'erreurs et défauts dans
ses inépuisables ressources. Ainsi l'ignorant jardinier
s'étonne de ce que son arbre ne prend pas spontanément
la forme qu'il lui destine et s'offense de ce beau luxe de la
végétation dont la prodigalité cependant fournit à tous les
caprices de la culture. Votre élève est cet arbre. En lui
réside toutes les perfectibilités de l'homme. Mais, indif-

férent à la forme, il eut été Spartiate à Lacédémone, il serait Chinois à Pékin et sauvage sur les bords de l'Ohio. Le moule est dans vos mains : faites-en un bon Français. Si le succès ne répondait pas à notre attente, je serais moins tenté de m'en prendre à lui qu'à vous.

C'est avec de semblables formules que Ramond gagnait l'affection de ceux qui l'approchaient. Il avait l'esprit vif, mais assurément plus de cœur encore que d'esprit. N'est-ce point le caractère des individus vraiment supérieurs de sa race, de ceux, en particulier, que nous avons nommés ? On peut mesurer dans ces pages ce qu'une expérience morale féconde apporte de nouveauté dans l'entendement des moindres matières. Il y a profit à connaître les écrits qui nous occupent, moins par ce où ils se rapprochent de nous, que parce qu'ils témoignent, encore une fois, de l'admirable unité de tempérament que donne la possession d'une langue belle. Ainsi les mots étant engendrés par les appétits partagés d'un groupe humain, le caractère des individus à longue distance, parvient encore à se former autour d'eux. Cette « superstition » qu'ils constituent, au sens exact du mot, devient la matrice de l'*indoles* ethnique. Quelle plus admirable démonstration que celle de cet écrivain, fils d'une grasse, blonde fille rhénane, qui retrouve dans la familiarité de nos maitres toutes les *nécessités* du nom « français » ?

La gloire de Bonaparte sera moins enfin d'avoir résolu les principales entreprises de la Convention et conduit heureusement quelques batailles, que dans son choix d'une nouvelle élite qu'il imposa à la France. La confusion anarchique des valeurs humaines — signe de la décadence de tout groupe social, de celle de la Pologne par exemple — a été pour nous éloignée d'autant. Le grand intuitif comprenait la nécessité de toutes les superstitions,

qui font la vie. De même qu'il n'est encore venu à
aucun homme l'idée de rejeter le lien hérité de son
idiome natal, de même Bonaparte a-t-il compris
qu'il était, pour moins évidentes, des nécessités
électives qui ne s'imposaient pas moins. Que n'en
est-il demeuré là ! — Un Lamarck, un Bichat, un
Maine de Biran, un Ramond, parmi tous ceux
qu'on oublie, que fallait-il de plus au génie d'un
règne ?

## VI

Le dernier ouvrage qui marque pour nous la fin de l'activité littéraire de Ramond est le recueil des *Voyages au Mont-Perdu*, livre encore connu d'une élite, son chef-d'œuvre au dire de Sainte-Beuve est le plus digne de lui assurer le titre de « peintre des montagnes » — celui dans tous les cas où s'affirme, à défaut de brillantes digressions des précédents ouvrages, le plus d'unité dans le style et surtout une méthode scientifique incomparable, suffisante, à elle seule, pour immortaliser son nom.

Ramond trouve, à partir de ce livre, sa voie dans la science et tous les derniers temps de son existence — il a quarante-six ans — lui appartiendront désormais. Sa sensibilité généreuse, le goût de toutes les expressions de la liberté l'avaient dans sa jeunesse rapproché des montagnes, il s'est, depuis, attaché à elles comme un fils reconnaissant. Ne leur doit-il pas jusqu'à la vie ? Il s'intéresse à leur histoire et à toutes leurs manifestations. Cette liberté que, politiquement, il sentait lui échapper peu à peu, il la trouvait maintenant dans l'étude paisible des sommets vierges, de tout ce qui est inviolé, de la substance la plus libre, de l'air. Ses observations atmosphériques sont, en dépit des apparences, la suite logique, dans son évolution, des essais de réforme lyrique de la vingtième année. Le goût des recherches, du neuf et de l'indépendance a entraîné ce libre génie, comme celui de Gœthe, au-delà des formules, des capacités attribuées à chaque homme. Le savant vit de l'intuition du poète et celui-là même ne

trouve sa raison d'être que dans l'observation calculée. Ajoutez la méthode au rêve : vous avez
Ramond ! Il faut regretter que son doux dédain
des hommes — dédain qui lui avait fait déjà abandonner la littérature pure — l'ait éloigné de condenser en un ouvrage définitif toutes ses doctrines
de l'*être*. Nous courrions risque de posséder un
des chefs-d'œuvre, sinon le chef-d'œuvre de l'esprit français.

Que d'heures j'ai passées — écrit-il dès les premières
pages de ce livre, qui débute par un charmant dessin de
la vallée d'Estaubé, de la propre main de l'auteur — que
d'heures j'ai passées depuis au sommet de Bergous, de
Brada, du Pic du Midi, de Néouvielle, les yeux fixés sur
le Mont-Perdu et ses menaçants acolytes, interrogeant les
antiques monuments des révolutions de la terre ! Combien de fois, suivant de la pensée le cours impétueux du
vent du sud qui en balaie si constamment les cîmes, j'y
ai vu l'image de ces anciens courants, peut-être déterminés par les mêmes causes, qui ont jonché les pentes
septentrionales des débris arrachés au centre ! Cherchant
la lumière jusque dans l'apparence des objets, que de fois
les longues murailles du Marboré, suspendues comme
la lame d'une mer houleuse aux limites de l'horizon, m'ont
semblé révéler par leur aspect le mystère de leur naissance ! Et tantôt conduit par les inductions tirées des
faits, tantôt entraîné indépendamment de toute réflexion
par un sentiment inarticulé mais profond de la physionomie des lieux, que de fois j'ai été forcé de placer au
Midi le théâtre des événements qui ont imprimé aux
Pyrénées leur dernière forme !

Ramond, au moment de ses premières observations (1795) avait été empêché par la guerre. Les
soldats espagnols étaient établis, assure-t-il, jusqu'à 3.200$^m$ dans les montagnes ! Quand il se
reprit à un effort définitif — il était alors professeur à Tarbes, il avait eu le temps d'approfondir

chacun des aspects du problème et se présentait
documenté à l'assaut du mont. Il renouvelle ici
le témoignage de sa reconnaissance à ses prédécesseurs Reboul et Vidal, les premiers qui en
aient tenté l'approche. La fatigue et les épreuves
des années précédentes ne semblent pas avoir
alourdi ses pas. Avec quelle ardeur juvénile il
s'élance vers cette conquête nouvelle, entraînant
avec lui le vieux La Peyrouse, le fils de ce dernier
et deux autres élèves ! N'imagine-t-on une vivante
application de certains tableaux du *Wilhelm
Meister* : ces hommes réfléchis s'astreignant à
l'éducation des adolescents dans un contact perpétuel avec la nature ? Quel sage, aussi, plus que
Ramond, aurait pu répéter, accueillant sans
réserve ces générations enthousiastes qui se pressaient au sortir de la Révolution et allaient si
malheureusement s'évanouir sur les champs de
bataille de l'Europe : « Seras-tu donc sans cesse
« reproduite, sublime image de Dieu, et seras-tu
« toujours aussitôt attaquée, blessée par le dedans
« ou par le dehors ? ». — Il se sentait un homme
du passé : ses liaisons avec les grands savants,
Lamarck, Lamétherie, conservateurs en politique
dans la mesure où ils étaient novateurs en idées,
ne contribuait pas peu à lui faire sentir le poids
des années écoulées. Tant il est vrai que des mains
qui ont trop porté sont faibles devant l'avenir et
que le profond mouvement de la vie a sa source
dans l'inconscient plus que dans la sagesse !

Le Mont-Perdu était alors inconnu des habitants
qui s'agitaient à ses pieds — chose qui n'étonnera
aucun de ceux qui ont voyagé dans les hautes montagnes. — Ceux même qui avaient eu des passants
une première notion de son existence étaient en
désaccord sur la détermination des cîmes. On voit
quel effort exceptionnel demandait aux explorateurs sans carte, sans repère d'aucune sorte, la

première approche de ce pic vierge. Il s'agissait de refaire ici les premières dures expériences de Saussure au Mont-Blanc, avec, en outre, plus de rapidité, car les monts des Pyrénées ne se laissent pas attaquer au massif même : les provisions de la marche sont épuisées que l'on a tout juste parcouru les derniers contreforts : le sommet principal reste à gravir. Ajoutez le manque presque total de guides, car les paysans de cette contrée, contrairement à ceux des Alpes, se désintéressent volontiers de tout ce qui n'est pas, dans leurs montagnes, cols ou pâturages et ont pour la neige et les glaciers une sorte de respect superstitieux.

Ramond, dans des conditions aussi défavorables, entreprend l'attaque du mont avec son vieux compagnon, trop désireux de lui faire partager le plaisir de leurs découvertes géologiques. Il ne devait pas tarder à être contraint de le laisser en route.

Nous passâmes la nuit dans une grange. Elle fut critique par les inquiétudes qu'elle me donnait sur le temps. Cependant le vent du Sud, qui avait chargé le Marboré des nuages de l'Espagne, finit par céder au vent du Nord qui arrivait chargé des nuages de France. Ceux-là sont toujours élevés et enveloppent les cîmes ; ceux-ci sont toujours bas et rampent dans les fonds. Ils inondèrent peu à peu les vallées que nous dominions, formant une mer immense que perçaient, comme des écueils, les sommités au niveau desquelles nous étions parvenus. J'espérai une belle journée.

On profita des indications d'un contrebandier. Il fut décidé que La Peyrouse, avec un guide qu'on lui laissait, rejoindrait les autres explorateurs à leur descente par un chemin détourné.

Cependant nous approchions des murailles et les moindres objets acquéraient des dimensions démesurées...

Durant la première heure tout alla bien. Nous évitions

soigneusement la partie découverte du glacier et, au moyen de nombreux zig-zags prudemment dirigés, nous éludions l'inclinaison d'une pente qui variait de 35 à 40° : quand tout à coup nous aperçûmes un homme éperdu qui se collait contre un rocher d'où il nous appelait à son aide. C'était notre contrebandier. Son histoire était écrite sur la neige où nous distinguions une longue traînée. Le malheureux s'était aventuré sans crampons, sans hache, sans aucun des moyens de sureté que les gens de son métier ne manquent jamais de prendre : il avait glissé près de deux cents pas pour s'être trop approché du rocher. Une fois lancé, il était inconcevable qu'il eut réussi à s'arrêter. Nous aurions voulu voler à son secours : il fallu nous y traîner. Nous le recueillîmes enfin et nous le plaçâmes dans nos rangs. Il avait perdu son chapeau, sa veste, sa pacotille qui valait bien 15 à 18 francs; il avait fait une perte bien plus considérable : il avait perdu son bâton. Le bâton l'avait devancé dans le précipice, nous ne pouvions le lui rendre. Le reste était épars autour de nous et nous eûmes bientôt recouvré la veste et le petit paquet de marchandises. Mais le chapeau était arrêté dans une position périlleuse ; il nous coûta un bon quart d'heure de travail quoiqu'il ne fut pas à vingt pas. En vain le pauvre homme était au milieu de nous : il ne pouvait se remettre. Notre assurance agissait moins sur lui que son inquiétude sur mes compagnons. Je voyais déjà sur le visage d'un couple d'entre eux les signes d'une frayeur dont je redoutais les suites. A chaque pas on me demandait de mesurer l'inclinaison du glacier...

Ramond pourtant, mettant à profit son expérience des Alpes, conduit la petite troupe au terme de cette pénible conquête. Le mont apparaît :

Nous étions à notre dernier effort. Au-dessus, la pente s'adoucissait visiblement et la glace se cachait sous des neiges d'un blanc pur qui indiquait le sommet de la crête en se découpant sur le bleu foncé du ciel. Il ne fut plus

question que de triompher d'un obstacle au-delà duquel
l'imagination nous montrait la cîme du Mont-Perdu. On
rassemble tout ce qu'on a de forces. On s'anime, on
s'excite mutuellement. A chaque pas que l'on fait, on voit
baisser les hautes limites du vallon. La brèche, qui nous
avait été longtemps cachée par la saillie du glacier, repa-
raît sous de gigantesques proportions, et déjà l'on sent le
vent froid qui débouche par sa large ouverture. On se
hâte, on s'élance, on atteint hors d'haleine le but désiré...
un cri de joie annonce le changement de scène : un morne
silence lui succède à l'aspect d'un nouveau monde, des
profondeurs qui nous en séparent, des glaciers qui le
ceignent et du nuage qui les couvre, spectacle affreux
et sublime dont toutes nos facultés sont accablées ! Un
instant indivisible l'avait développé dans toute sa majesté
et plusieurs instants ne suffisaient pas pour lui coordonner
nos sens. Voilà le Mont-Perdu ! Voilà le Mont-Perdu, se
disait-on l'un à l'autre. Et cependant personne ne le dé-
mêlait encore dans ce cahos de rochers, de neiges et de
vapeurs...

Malgré cette déception les explorateurs se laissent aller à l'étonnement et se consolent du mince
résultat de leurs efforts par le spectacle qu'ils
ont sous les yeux ?

Mais, ce qui était encore plus imprévu, s'il se peut, que
ces étranges aspects, ce qu'aucune vue antérieure n'avait
préparé, ce qu'on ne saurait considérer que du haut de
l'observatoire où nous nous étions portés, c'est l'indes-
criptible apparence du majestueux support de ces deux
sommités. Taillé du même ciseau qui a façonné les
étages du Marboré, il présente une suite de gradins, tantôt drapés de neige, tantôt hérissés de glaciers qui débor-
dent et se versent les uns sur les autres en larges et im-
mobiles cascades, jusques aux bords d'un lac dont la
surface encore glacée, mais déjà dégagée de neiges,
brillait d'un éclat sombre qui rehaussait l'éblouissante
blancheur de ses rives.

Ce lac, l'aire désolée où il repose, l'amas de glaces qui le borde au midi, les noires murailles qui le surmontent, le Cylindre et le Mont-Perdu s'élançant dans un ciel orageux et cette enceinte escarpée, nue, déchirée, d'un des créneaux de laquelle nous contemplions ce que les Pyrénées ont de plus imposant et de plus affreux ; tout échappait à la fois à toute comparaison, rien ne nous offrait un module auquel nous puissions rapporter les dimensions de l'ensemble ; et nous étions réduits à une vague estimation des hauteurs et des distances, si le hasard ne nous avait fourni un objet de grandeur déterminée dans trente et un isards [1] qui erraient sur la glace du lac et se désaltéraient dans ses crevasses. Au premier cri, ils s'enfuirent en bondissant sur les crêtes occidentales, nous laissant seuls désormais, dans ces vastes déserts dont ils avaient mesuré pour nous l'étendue.

Nul écrivain comme Ramond n'est capable de vous faire sentir le caractère profond, l'*âme* d'une montagne. Et, dans ces régions des Pyrénées où les sommets élevés mêmes sont composés de dépôts de sédiments, ses considérations, ses images prennent de la réalité des faits une allure véritablement tragique. A ce Mont-Perdu qu'il définit ailleurs un mont « cadavre » tant est grande l'abondance des débris organiques qu'il renferme, à ce mont en particulier il trouve figure de mort. Et quand il nous dira que les pierres que l'on y brise, près des neiges, se dégage l'odeur des charniers, notre appréhension aura été préparée par la physionomie des lieux.

Le soleil éclairant pour nous ces hauteurs de sa lumière la plus vive, n'y répandait pas plus de joie que sur la pierre des tombeaux. D'un côté, des rochers arides et déchirés qui menacent incessamment leurs bases de la chute de leurs cîmes : de l'autre, des glaces tristement res-

1. Chamois.

plendissantes, d'où s'élèvent des murailles inaccessibles ;
à leurs pieds un lac immobile et noir, à force de profondeur, n'ayant pour rive que la neige, ou le roc, ou des
grèves stériles. Plus de fleurs ; pas un brin d'herbe.....
Partout le calme de la mort. Nous avions passé plus de
deux heures dans cette silencieuse enceinte et nous l'aurions quittée sans y avoir vu mouvoir autre chose que
nous-mêmes, si deux frêles papillons ne nous avaient
précédés : encore n'était-ce pas des papillons des montagnes... C'était deux étrangers : le *Souci* et le *Petit Nacré*,
voyageurs comme nous et qu'un coup de vent avait sans
doute apportés. Le premier voletait autour de son compagnon naufragé dans le lac...Il faut avoir vu de pareilles
solitudes, il faut y avoir vu mourir le dernier insecte pour
concevoir tout ce que la vie tient de place dans la
nature.

Mais, plus que toute autre chose, les *Voyages
au Mont-Perdu* doivent marquer pour nous l'étape
définitive de la philosophie géologique de Ramond.
A partir de ce livre il a établi une « théorie », il y
ramène passionnément toutes ses recherches. S'il
convient de prétendre, comme on l'a dit quelquefois, que l'homme de génie soit l'homme d'*une
idée*, il y a deux hommes de génie dans Ramond :
l'un s'est révélé dans la science à un âge où la
carrière de beaucoup d'écrivains est déjà terminée.

C'est pourquoi nous le verrons à présent abandonner souvent les lieux qu'il décrit pour se livrer
à des généralités scientifiques et montrer, en particulier, son profond attachement aux doctrines
de Buffon. Ces doctrines, avec son ami Lamarck
ils les ont développées ensemble. La théorie de
l'évolution, que l'on recule aujourd'hui avec tant
de peine de Darwin et de Lyell à Geoffroy Saint-
Hilaire, appartenait, on le constate ici, dès
1797 à l'état d'embryon à tout un milieu français.

On observera simplement ce que l'explorateur du
Mont-Perdu dit du rôle des mers et de ses décou-
vertes d'os pétrifiés, squelettes de grands animaux
disparus. (Ces découvertes n'ont pas convaincu
Cuvier qui pensait avoir affaire à des pierres...).
Dans ces recherches même Ramond déclare suivre la voie que lui ont tracée La Peyrouse et
Dralet. La découverte de coquilles à l'Oule de
Gavarnie, en 1786, par Gillet-Laumont et Alex.
Brongniart, lui a servi, déclare-t-il, de repère
pour sa théorie générale de formation des Pyrénées.
La part où son originalité se découvre vraiment
profonde c'est la théorie des soulèvements de la
terre où il continue et généralise les observations
de Saussure et de De Luc. Nous la retrouverons à
la fin de l'ouvrage.

Malgré tant d'efforts Ramond et ses compagnons
n'étaient pas parvenus au sommet du Mont-Perdu.
Ils employèrent les voyages suivants à la recherche de nouvelles routes, à l'exploration de Gavarnie, du Vignemale et du Pimené.

Saint-Amans, son ami de longue date, déjà
connu par ses écrits sur les Pyrénées (*La fête
d'Héas*), fut son compagnon avec le naturaliste
La Beaumelle. Les trois amis attaquèrent cette fois
la chaîne centrale par la vallée de la Cuz, gorge
d'une splendeur incomparable. Ce spectacle toujours nouveau arrache à l'écrivain une belle excla-
mation :

Combien de fois et sous combien d'aspects je l'ai con-
templé, le matin, le soir, à la lueur de la lune, à la
clarté du jour, drapé de neige ou paré de verdure, battu
de la tempête ou éclairé d'un soleil sans nuage ! Et je
m'arrête encore devant ces Pics étroitement enchaînés, et
je m'asseois devant ces tonnantes cataractes, et je savoure
l'horreur de ces immenses précipices... Grande et fière
nature que n'ont pu rendre triviale ni d'insipides descrip-

tions, ni de burlesques peintures, ni le concours même que sa célébrité lui attire.

Ce sont, en effet, Ramond et ses amis qui ont fait, bien malgré eux, connaître les eaux thermales des Pyrénées. Déjà à cette époque une foule de baigneurs les fréquentaient. L'écrivain avait des raisons que ceux-ci ne pouvaient connaître de chérir égoïstement ces lieux grandioses. La tourmente révolutionnaire avait laissé ici-même sa trace et Ramond y fait plus d'une fois allusion quand il parle par exemple de « l'illustre et malheureux Dolomieu [1] »... Mais surtout il s'attache à défendre les aspects sincères de cette nature que l'on maquille : il fait en ce sens l'éloge du peintre Duperreux adversaire des classiques.

En sortant de la vallée de la Cuz, le souvenir de la catastrophe de 1788 l'arrête un moment, puis il donne quelques mots à Héas, la douce bourgade qu'a célébrée son ami Saint-Amans. Les voici enfin en présence du cirque de Gavarnie. L'écrivain modère ici les termes de son admiration. Plus qu'à ce fer à cheval d'eaux résonnantes, dont il a vu tant d'exemples dans les montagnes, plus tragiques sinon plus accessibles — celui-ci est du reste trop grand pour impressionner — le naturaliste s'intéresse à la végétation des pentes ou à la vie des troupeaux.

Ramond a hâte de pénétrer les conclusions scientifiques qui se sont ouvertes à son esprit. Déjà il se désintéresse du voyage pour affirmer en termes nets son sentiment de l'évolution :

...Qui nous dira si le problème ainsi résolu admettait

---

1. Auteur des théories *vulcaniennes* qui s'opposaient alors aux théories *neptuniennes* des partisans de Werner. Cuvier, comme Ramond, chercha à concilier ces deux théories de formations géologiques : il dut, sans l'avouer, profiter beaucoup des recherches de son prédécesseur. Ce fut probablement une des causes de sa brouille avec Lamarck (1813).

une solution différente , si la nature était également libre,
ou d'affaiblir tel muscle, ou de renforcer tel autre ; si les
moyens employés n'étaient pas les seuls qui s'accordas-
sent avec les premières conditions d'une existence donnée ? Tout en nous et hors de nous subsiste de pareils
tempéraments...

Et voici qu'ayant confirmé les théories de Pal-
lassou sur les « formations parallèles » dans les
Pyrénées, il se lance dans les aperçus qui devront
l'immortaliser :

Que seraient des irrégularités bien plus considérables,
si nous les regardions du haut du Mont-Perdu ? Que
deviendraient-elles pour un œil d'aigle qui se promène-
rait du haut des nues sur la chaîne des Pyrénées, et qui
verrait des montagnes entières, descendues au rang des
moindres accidents, n'être plus qu'une tache dans un
marbre ou un nœud dans un schiste ? Vu de niveau le
moindre dérangement nous déconcerte ; un atome déplacé
balance dans notre tête le système du monde, et nous
oublions que le Mont-Blanc lui-même n'est à l'égard de
notre planète qu'un grain de sable sur une bombe de
cinq-cens ; et nous ne songeons pas que le plus léger
frissonnement qu'ait éprouvé la croûte de la terre a suffi
pour y élever les rides de l'Atlas et des Andes !

Si, passant auprès de la brèche de Roland, il
invoque le preux chevalier et cite l'Arioste, il se
souvient malgré tout qu'aucun enseignement
« historique » n'est plus profond que celui que
nous donne la Terre dans son indifférente nature :

...Il (le géologue) médite sur les révolutions de la terre
en promenant ses regards sur cet immense cimetière des
habitants de l'ancien monde. Nulle part des dépouilles
aussi vénérables n'ont un monument aussi auguste. Elevé
dans la haute région où le temps passe sans jamais rajeu-
nir, la neige l'entoure de sa ceinture funèbre. Partout la
mort : elle est dans sa substance ; elle est dans ses formes ;

elle repousse tout ce qui vit de sa redoutable enceinte.
Comme elles menacent les vallées ces cîmes démantelées
qui ne leur envoient que des orages, des ruines, des torrents et des lavanges! Quand les pères de la fable cei-
gnaient de tours le front de Cybèle, d'Isis et de Rhée, ils
peignaient la mère commune, parée de nos structures,
souriant à nos travaux, enivrant ses enfants du nectar de
la vie : mais, au jour de deuil où le philtre est épuisé, où
les générations retombent dans le sein qui les a portées,
ces vieux rochers tout pétris de cadavres, ces crêtes déla-
brées que surchargent les glaces d'un éternel hiver, voilà
le lugubre diadème dont ils l'auraient décorée...

   Cependant un nouveau monde vit des débris de l'ancien
et le sort de l'humanité est réglé d'avance par celui de la
terre...

Dans un retour sur les admirables paysages
qu'il a sous les yeux, Ramond consent à nous
décrire encore en termes d'un coloris rare la
caverne de Prades-Saint-Jean :

Il n'y a rien de plus dangereux qu'une promenade sous
ces voûtes, surtout à l'époque des grands dégels : on risque à tout instant d'être accablé de leur chute. Mais aussi
rien n'est plus magnifique et plus singulier que leur intérieur. Celle-ci aboutissait aux murailles du cirque et
recevait par une des extrémités une cascade qu'elle ren-
dait en torrent par l'autre. Les profondeurs de cet antre
n'étaient éclairées que par la lumière décolorée que lui
transmettaient ses parois à demi diaphanes : la cascade,
écumant sur des quartiers de neige durcie ; le vent glacé
que sa chute excitait ; une pluie froide distillant du cin-
tre ; toutes les roches saupoudrées de givre ; voilà ce que
nous trouvâmes sous un soleil brûlant dont le vent du
sud augmentait l'ardeur, et à vingt pas d'un gazon dessé-
ché par la canicule. C'était le palais de l'hiver à côté de
celui de l'été et, comme les Islandais, nous étions tombés
dans un enfer de glace, au sortir d'un enfer de feu.

Mais ces lignes ne font que préparer les magnifiques aperçus de sa conclusion.

Après avoir exposé les origines du monde suivant la théorie que Laplace a illustré, Ramond écrit :

Supposons qu'au moment où la croûte de la terre se consolidait sous les eaux dont elle était couverte, le granit se soit formé des éléments dissous qui tendaient le plus fortement à cristalliser.

Supposons que, la tendance à cristalliser diminuant avec le nombre et la pureté des éléments cristallisables, l'attraction universelle ait repris peu à peu sur la figure des sédiments l'influence que les attractions particulières avaient d'abord exercée.

Supposons que la croûte de la terre se formant ainsi de concrétions qui prenaient de plus en plus l'apparence de couches, cette croûte ait été froissée, rompue, soulevée dans quelques points de son étendue et que ces saillies soient l'origine de nos montagnes...

Dès lors ce qui était au-dessous se trouve au centre de ces éminences ; ce qui était au-dessus se trouve sur les côtés...

Et il s'étend plus loin sur l'hypothèse singulière d'une Atlantide :

Mais, à la vue de ces énormes amas, il est difficile de ne pas accorder quelque chose de plus aux conjectures. Le courant qui a entraîné tant de limons et tant de débris, qui a tout à coup enflé les sédiments, régulièrement déposés aux pieds des Pyrénées, d'une si extraordinaire surabondance de matières étrangères ; ce courant fait naître l'idée d'un grand événement arrivé dans les régions d'où il partait ; et peut-être la supposition de cet événement est-elle aussi nécessaire pour expliquer l'intervention même de ce nouvel agent, que pour assigner une origine probable aux débris qu'il a transportés.

S'il existait au sud-ouest une grande terre élevée au-dessus des eaux, elle rompait les courants qui tendaient à frapper la face correspondante des Pyrénées. Il y avait un peu de calme dans le fond de mer qui l'en séparait : il s'y amassait des sables ; il s'y déposait des limons ; les testacés, les zoophytes y accumulaient leurs structures et leurs dépouilles ; et s'il est vrai qu'il y ait des os fossiles dans le nombre des silex du Mont-Perdu, c'est de cette terre qu'ils procèdent, et c'est dans ce fond de mer qu'ils ont d'abord été entraînés.

Que cette terre se soit effondrée par un de ces accidents que l'état actuel de notre globe rend si vraisemblables : aussitôt la haute mer a battu le flanc des naissantes Pyrénées, portant devant elle ces nouvelles ruines et soulevant tout ce qui s'était amassé dans ces profondeurs que ses agitations avaient respectées.

Ces pages admirables qu'il ne faut pas songer reproduire dans leur entier en les commentant — un nouveau volume n'y suffirait pas — se fondent du moins, superficiellement, pour nous dans la brève formule qu'il donne quelque part de l'histoire physique des Pyrénées : *une grande révolution les avait élevés : des accidents particuliers ont décidé de leur forme.*

Ce sera là, du moins, la philosophie de sa propre vie : une curieuse révolution morale lui avait donné dès sa jeunesse un caractère unique, des accidents particuliers ont décidé de sa « forme » ! Comme il est allé lentement, avec une foi tenace, à la conquête de ces monts ignorés et resplendissants des Pyrénées, il nous faut aller à celle de Ramond écrivain. Nous souhaitons que nos successeurs ne se lassent point. Plusieurs vies d'hommes ne suffiraient point à lui rendre justice. Il nous donne lui-même les raisons de notre faiblesse :

La nature est sans borne et nos facultés sont bornées :

chaque objet a mille faces et nous n'en voyons qu'une ;
nous sommes condamnés à considérer isolément des phé-
nomènes dont l'explication n'est que dans leur ensemble :
et cet ensemble n'est point à nous, et il ne sera point à
nos derniers neveux. Cependant il faut lier les faits et, à
cet égard, les hypothèses sont pour nos esprits ce qu'est
le système du monde pour la suprême intelligence qui l'a
conçu. Faute de ce lien tout rentre dans le cahos : nous
sommes réduits à le supposer quand il ne nous est pas
donné de le saisir et si l'observation a été le guide des
suppositions, elles conduisent du moins à un ordre de
vérités relatives qui nous représente une des innombrables combinaisons des vérités absolues.

Les *Voyages au Mont-Perdu* représentent le
dernier livre, nous l'avons dit, que dans l'œuvre
de Ramond les conventions permettent de rapporter à la partie « littéraire » de son existence [1]. Et
déjà il est plus scientifique que descriptif — l'expérience de l'homme s'était, avec le temps, mû-
rie des doctrines du savant : il ne tendra plus désormais qu'aux écrits de méthodologie critique.
Mais dans les *Observations barométriques* — où il
reprend, pour les adapter à un autre usage et sur
leur premier lieu, une partie des expériences de
Pascal — dans ses notes, ses rapports à l'Institut,
sa correspondance, le charme de cette imagination
unique reste le même. Et il nous faut appeler de
nos vœux le temps — proche, espérons-le — où
il nous sera donné dans une réédition de ses œuvres de goûter sans effort l'étendue d'action et la
profondeur de ce noble esprit !

Notons enfin que ses mémoires sur l'état de la
végétation dans les hautes montagnes — étude
nouvelle à cette époque — ont été, de son vivant,

---

1. Ramond devait parvenir au sommet du Mont-Perdu quelque temps
après ses premiers voyages et la brève relation qu'il en a donné à l'Institut
(1803) n'est pas la part la moins intéressante de ses mémoires.

traduits en anglais et qu'il n'est pas impossible que
par eux Lyell et Darwin aient eu connaissance des
belles théories de leur prédécesseur [1].

1. Cf. à ce sujet la *Correspondance* de Darwin (tr. de Varigny, Paris,
Reinwald, 1888, t. II, p. 566). Le fils du naturaliste y parle d'un n° du
*Kosmos* (février 1879) par le Dr Ernst Krause glorifiant les évolutionnistes
du passé et en particulier Erasme Darwin, père de Charles. V. également
t. I p. 566 et t. II p. 13 où il est parlé de Lamarck en termes assez impro-
pres. L'auteur oublie que la *Philosophie zoologique* est un essai philosophique avant d'être un catalogue de science. Il s'est trouvé au surplus que
récemment des savants comme Hugo de Vries se sont rapprochés des
théories de Lamarck. De même l'on revient aujourd'hui à la thèse de Ramond sur la formation des Pyrénées, longtemps contredite par Elie de
Beaumont et son école.

## VII

IL ne nous appartient pas de tirer des conclusions d'ensemble d'un travail destiné à vulgariser l'homme, qui abandonne presque entièrement le côté scientifique de l'œuvre de Ramond. De telles résurrections sont du reste à la mode. Un volume récemment paru en Allemagne (*Gesellschaft für deutsche Litteratur*) révélait il n'y a pas longtemps au public Johann Wilhelm Ritter (1776-1810) lui aussi physicien et poète. Prédécesseur de Novalis en quelques parties de ses ouvrages, cet émule singulier de notre grand Strasbourgeois fut membre de l'Académie des Sciences de Bavière et mourut dans le besoin. Ainsi de tous temps et dans tous les pays des hommes échappent à l'attention qui seraient dignes de la diriger.

Il n'est pas d'obligation plus pénible que celle d'adresser des coups d'épées à de vieilles brumes. Si l'on découvre quelque antiquité vénérable, si l'on exhume quelque œuvre d'art trop oubliée — « Niaiserie et sottise » affirment tôt les pédants, qui n'ont point de longue date appris ses mérites. — « Je le savais ! » expriment d'autre part doctoralement ceux plus intelligents, qu'une évidence de mérite criarde contraint à un examen attentif..... Nous nous promenons dans la forêt enchantée : il n'est pas bon d'éveiller les gnômes dormeurs en faisant de la lumière dans les taillis. Emeraude ou vers luisant, chaque révélation élève aussitôt un concert — funèbre pour les oreilles attentives du « paladin véridique ». Il y a toujours eu beaucoup de haine pour ce qui trouble l'habitude des hommes.

Nous n'entendons pas non plus mettre une nouvelle étiquette, avec un nouveau nom, dans le museum des grands esprits que le plus grand nombre admire, sans les connaître. Il y a un intérêt plus simple à agir vis-à-vis de l'élite, à la recherche, elle aussi, d'idoles supérieures de sa sensibilité. Voici un nouvel *homme* que les circonstances avaient éloigné d'elle. Puissent encore ces quelques pages contribuer à le faire connaître !

Selon une remarque de M. Brunetière, pour établir la valeur d'un poète — c'est-à-dire d'un homme supérieur — il suffit presque de l'interroger sur trois points : comment a-t-il parlé de la nature, de l'amour, de la mort. Nous avons assez répondu, pour ce qui est de Ramond, sur la première et sur la troisième question. Et pour ce qui est de l'amour les plus grands génies sont discrets sur ce point. Ramond, comme Gœthe, comme Molière, comme Shakespeare, son maître, comme Léonard de Vinci s'est réservé sur sa propre histoire et dans l'expression d'aucun jugement. Sans doute, pensent-ils, adolescents, comme les autres hommes, et vieillards, n'en savent-ils guère plus que les petits enfants curieux de la vie. Car, en pareille matière, tout est nouveauté et recommencement — les bavards seuls aiment s'en exprimer. « Le chien aussi, observent à la fois Nietzsche et Diogène, est familier avec l'amour. »

Un autre objet nous appelle : du point de vue littéraire et, tout particulièrement, du point de vue des préjugés que nous avons signalés au début de cette étude, quelles conséquences paraissent se dégager.

Tout d'abord il est bien probable que la place que les littératures accordent dans l'histoire des idées à Bernardin de Saint-Pierre revient plus justement à Ramond — ou, si l'on veut, que l'un, le premier, n'est, avec moins de profondeur, mais quelquefois sous des aspects originaux, que le complément de l'autre. Bien que le père des *Etudes de la Nature* appartienne à une génération antérieure, ses œuvres sont contemporaines de celles de Ramond. Toute la mesure qui les éloigne l'un de l'autre réside en ceci que l'un est un profond savant, que l'autre ignore tout [1].

D'autre part, nous avons défini la situation de Ramond vis-à-vis du romantisme, et non seulement du romantisme français mais de celui de toutes les littératures. Nous espérons avoir apporté la preuve que — différemment de ce qui a été supposé — le mouvement de 1820 a sa source, en France, dans un goût commun à une élite dès la fin du XVIII^me siècle. Chateaubriand n'est plus le grand précurseur, mais le maître de ce que nous pourrions appeler la première manière du romantisme, la manière « voyageuse ». Lamartine, Hugo, Dumas, et leurs amis devaient réaliser l'autre : le lyrisme d'action *Dans l'une et l'autre manière Ramond a précédé les romantiques*. Voilà le fait important. La date de l'apparition de la *Guerre d'Alsace* recule d'un demi-siècle l'initiative que nous accordons au trop fameux *Henri III et sa Cour* [2] (1829, la date même de la réédition par Nodier des *Amours alsaciennes*). La porte était ouverte à toutes les ambitions lyriques et l'on peut dire que l'idéal du théâtre proposé par Ramond, s'il prétend moins « généraliser » que ses successeurs, embrasse

---

1. Cf. à ce sujet G. Lanson : *Histoire de la Littérature française* (Hachette 1898) livre classique dans notre enseignement supérieur — la cinquième partie, livre V : *Indices et germes d'un art nouveau* ; chap. I : *Bernardin de Saint-Pierre*. Le caractère de l'écrivain y est heureusement défini.

2. V. dans Lanson *op. cit.* p. 957 la liste des prédécesseurs de Dumas depuis 1809. On se pénétrera du fait que le culte de Shakespeare et de ses formes est bien né en France au XVIII^me siècle avec sa première apparition. L'observation de la p. 962 sur l'originalité de Dumas dans son usage des chroniques devient inexacte.

plus profondément la vie. C'est une chose grave, pour l'histoire des esprits en Europe à cette fin du XVIIIᵉ siècle, que de penser que Ramond, nous a offert, en notre langue, la première forme du génie de Schiller.

Ce n'est pas enfin le fait le moins digne d'attention que de retrouver, chez de très grands « princes » de notre art littéraire, des caractères parents d'autres génies étrangers. Et ce sont justement parmi les plus purement français ! Béroul, Thomas, et Robert de Boron ont produit Gotfrit de Strasbourg et Wolfram d'Eschenbach, Marie de France annonce Chaucer, Jean de Meung est le père de Dante. Calvin et Luther, Rabelais et Fischart, Diderot et Wieland, voici quelques-unes des résonnances qu'une attention rapide donnée à l'histoire des littératures nous permet d'établir. Quelquefois aussi le peintre, l'architecte et le musicien répondent au poète et réciproquement. La vraie préparation de Dante est dans les cathédrales françaises, Claude Lorrain répond à Shakespeare, Mozart donne aussi bien la conclusion de Marivaux et de Beaumarchais, Kant est le développement critique de la sensibilité de Rousseau, le mouvement historique de Bonaparte trouble la « vague émotive » de la pensée de Beethoven.

Dans le même ordre d'idées il n'est pas trop rapide d'affirmer que *Ramond et le groupe des amis de Gœthe forment un nouveau point de contact dans le mouvement européen des esprits.* Ramond est par dessus tout un grand penseur *occidental.* En ce sens qu'il subordonne le rêve aux usages de la vie qu'indiquent les sciences, il montre bien curieusement une première forme de cette foi nouvelle qui rend le savant superficiel ennemi de l'art, mais permet à l'individu supérieur de confondre en un même culte la nécessité de l'expression et le souci des résultats. Ramond est « homme » dans la force du terme, comme le fut Gœthe, comme Léonard de Vinci. Il a, comme eux, la sérénité de l'observateur — observateur complet — qui rattache tout à sa méthode d' « exploration de la vie ». Il est, comme eux, de ceux qui ont compris la réalité de la rude formule : la vie ne s'acquiert pas, mais elle se conquiert.

Et on ne le suppose pas autrement quand on l'examine dans les divers portraits qui nous sont restés. Cette tête ronde et bien faite, sans creux et sans saillies excessives, ce visage un peu long et glabre d'un Lamartine qui serait alsacien, la sévérité des pommettes et des tempes découvertes corrigées par la douceur du nez, la lèvre volontaire, les yeux extraordinairement beaux et expressifs. C'est plus qu'il n'en faut pour deviner les capacités de l'homme sans avoir pénétré son œuvre. Il ressemble à Gœthe avec plus de bonté dans la bouche et un caractère moins olympien dans la forme du front ; il rappelle aussi Chateaubriand par l'éloignement rêveur du regard ; — mais ce qui le caractérise, lui seul, c'est ce calme, cette pureté extraordinaire répandue sur tous ses traits. Ramond avait tant fréquenté les montagnes qu'il en avait gardé l'*inhumanité*. Son visage a la pureté d'une neige. On défierait les disciples de son ami Lavater d'avoir découvert en lui la marque d'aucun vice humain [1].

1. La volonté, tout au plus, en est peut-être trop déliée pour celle d'un lutteur : mais du moment que nous nous intéressons aux « hommes » il ne sied pas de le comparer aux « bêtes fauves » de notre culture. — Elles étaient nombreuses à son époque. — On observera facilement, en feuilletant la collection des *Portraits* de l'Institut *(op. cit.)* où s'exagèrent les défauts de chaque visage, que Ramond est le seul avec son ami Lamarck qui présente une physionomie noblement intelligente — celle des vieilles races. Cette galerie de têtes extraordinairement expressives est du reste instructive à plus d'un point de vue. On s'amusera à considérer un instant le portrait du beau-père de Ramond le *Bon* Dacier. — Sa fille, qui ne lui ressemblait pas, fut un peintre remarquable.

Ramond est un poète, un exquis écrivain français. Il représente une des perfections de l'art de penser : il introduit la clarté de la forme dans ses plus chaleureuses imaginations. Si l'on rapproche — toute comparaison est inexacte — Gœthe de Léonard de Vinci, on le comparera à Raphaël. Mais il est *philosophe* et, en ce sens, il marque une forme de notre esprit que l'on a trop négligé et dont il conviendra de chercher les sources dans les origines mêmes de notre expression littéraire. Ramond *celtisant* vous y convie.

Ceux de nos lecteurs, qu'un goût personnel n'aura pas convaincu, nous accorderont, du moins la RÉALITÉ DE SON EXISTENCE, réalité qu'aucun enfant de nos écoles ne doit plus ignorer, parce qu'il est *national*, parce qu'étant profond observateur de la nature, il est supérieurement moral. Il est trop facile de juger médiocrement, plus pénible de lui rendre justice. Contentons-nous donc au début de le savoir *vivant* : son œuvre en témoigne.

Chérissons en lui l'Alsace, le rêve blond de ses femmes, sa fierté et l'antique amour de vie saine que ce dur territoire de heurts a dès longtemps inculqué aux plus beaux d'entre ses enfants. Les possessions d'une race rentrent en elle au delà de la transition des frontières. Les Celtes ont conquis au monde bien d'autres aspects de beauté que nous comprendrons un jour ! Et l'homme même se réjouit de la pensée de l'homme quand il le sait supérieur.

25 Juillet MCMIX<br>
*Ste-Christiane*

FIN

*ADDITIONS*

L'INTÉRÊT qu'ont bien voulu accorder à ce travail, lors
de sa publication fragmentaire dans la *Revue des
Lettres et des Arts*, un grand nombre de revues et de
journaux français et étrangers, font à l'auteur un devoir
d'insister sur le caractère nécessairement provisoire d'une
telle étude. Rien, ni de la bibliographie — la première
qui ait été établie — ni des diverses relations qu'il a été
possible de considérer, ne peut, ni ne doit même
garder un caractère absolu. Le meilleur serait qu'un
grand nombre de bonnes volontés vint à épuiser le fonds
si passionnant de la vie du noble écrivain dont la figure
curieuse nous a attiré. Mais Ramond a été un savant —
un très grand savant au dire d'hommes comme Lamarck
ou Schrader — et ce côté de l'individu a été entièrement
laissé de côté ici. Le titre même l'imposait. Il nous faut
donc appeler l'indulgence du lecteur sur toutes les im-
perfections du livre et demander en même temps aux
hommes compétents que nous approchons de terminer la
tâche qui n'est ici qu'ébauchée.

Deux choses s'imposent désormais en effet :

1° *Une réédition des œuvres écrites de Ramond ;*

2° *La mise en valeur des manuscrits, des dessins et des
documents innombrables qui sont aux mains de ses héri-
tiers.*

Il faut espérer que l'Institut dont il fît partie, et les
Sociétés littéraires que l'on dit si puissantes en France ne
voudront pas se désintéresser d'une telle tâche.

Nous donnerons encore ici quelques rectifications. Le
lecteur les jugera sans doute intéressantes, bien qu'il soit
probable que ce ne soit pas les dernières.

❦ ❦

Les dictionnaires ont été omis volontairement dans la liste des ouvrages à consulter. Mais il serait à propos d'ajouter des livres comme la *Bibliographie* de Michault (1840), les *Mémoires* de la Duchesse d'Abrantès, les Histoires de la Révolution de Thiers et de Michelet, les *Considérations* de M^me de Staël, le *Napoléon* de Frédéric Masson, etc., etc.

---

Voici, pour ce qui concerne la filiation de la famille Ramond quelques notes recueillies sur le tableau héraldique dressé par Ramond du Poujet. Le B^on Paul Ramond a bien voulu nous le communiquer.

On doit considérer comme branche originale les *Ramond de Folmont* (Quercy) descendants par bâtardise de Raymond comte de Toulouse. Les seigneuries étaient : *Folmont, Moncuq, Du Castel, Auty, Roquebrune, Fages, Cazez, Hauterive, Gaussen* ou *Jaussen, Limbert, Sistels, La Salle, Saint-Pierre, Massan, La Bastiolle, Rascas,* etc.

On trouve parmi les descendants les plus considérables :

*Raymond de Folmont,* chevalier de Saint-Jean de Jérusalem et commandeur d'Espédailhac. Il vivait vers 1304.

*Pierre, seig^r de Folmont,* chevalier maître d'hôtel du Dauphin, en 1459, conseiller du roi Louis XI et son chambellan ; sénéchal du Quercy et d'Agenois, desquelles provinces le roi ayant disposé en faveur du duc de Guyenne son frère, il reçut l'office de capitaine du chasteau et ville de Penne en Albigeois en 1469. Il redevint sénéchal du Quercy en 1473 par le retour du duché de Guyenne à la Couronne et résigna l'office de capitaine de Penne à son fils Jean en 1486.

*Jean,* fils du précédent, *seig^r de Folmont et d'Auty,* écuyer, capitaine de Caylus en 1465 au lieu de Bertrand son frère. Gouverneur de Cahors, lieutenant du Sénéchal de Quercy ; maître d'hôtel du Roi en 1469 et 1493. Il fut élu en 1474 pour commander la noblesse de Quercy au ban et arrière-ban à Bayonne. Il était Pannetier du Roi et capitaine de Lauserte en 1477. Il fut capitaine de Penne en Albigeois (v. p. h.).

*Mathurin*, son fils, grand-maître des eaux et forêts en Languedoc en 1489.

Le grand-père de l'écrivain *Jean Jacques Ramond* fut Conseiller du Roy, Payeur des gages de la Cour des aides de Montpellier. Il épousa en 1713 Rose Maret[1] et mourut en 1761.

Son fils *Pierre Bernard*, seigneur du Poujet, trésorier des guerres, épousa comme nous l'avons dit, en 1754, *Rosalie Reine Louise, fille de Claude Bernard Eisentraut, seigneur de Hartausen et de Reine de Rostaing Crollast.* Louis Elisabeth Ramond fut son premier enfant.

Il ne reste actuellement, croyons-nous, de descendant direct de cette belle famille que le B^on Paul Ramond à qui nous devons tant de précieux renseignements. Une branche lointaine de *Ramond de la Croisette* ne nous paraît pas en état d'apporter une contribution utile aux recherches que nous avons entrepris. Par contre la famille du général Chérin — général républicain et généalogiste de Louis XVI... — premier mari de la femme de Ramond doit posséder d'intéressants documents.

Enfin, pour les personnes qui s'intéressent aux recherches héraldiques, nous voulons signaler que les armoiries d'une branche des Ramond figuraient sur les vitraux de l'église des Mineurs de Moncuq en Quercy et que le tombeau familial des de Fages fut en l'église de Saint-Pierre d'Authy.

Pour tout ce qui concerne l'histoire et la descendance de Raymond de Toulouse, l'ou consultera avec profit La Chesnaye des Bois.

---

Nous nous en voudrions de ne pas corriger l'erreur de de la p. xvi de l'*Appendice* où le baron Paul Ramond est dit « précepteur » du prince impérial. L'erreur provient

---

1. Les Maret étaient les ancêtres des Bassano.

d'une fausse interprétation de la note du *Figaro* du
31 mai 1882 (à propos de la publication de la mélodie
dédiée en 1875 par le prince Impérial au baron Ramond.)
L'ancien membre du Conseil d'Etat était l'ami du prince
et fut l'un de ses secrétaires pendant les séjours de
Chislehurst, à Campden House. Il y a une nuance qui
mérite d'être observée.

Le baron Paul Ramond possède, entre autres manuscrits intéressants de l'écrivain, un carnet de ce qu'il croit
être une copie des notes privées de Cagliostro et le relevé
des leçons faites à Tarbes par Ramond, réunies par un de
ses éléves.

Ajouter à la liste des volumes où il est question de
Ramond les *Extraits litteraires* de Noël qui renferment le
morceau célèbre de *la Vallée de Campan* (*Observations
dans les Pyrenées*) et *le Trésor littéraire de la France*, un
excellent ouvrage publié en 1866 par M. Francis Wey (à
la p. 479 et citation).

Nous avons dit comment par suite de la destruction
des papiers de l'écrivain, il nous était difficile de le suivre
dans ses études et dans ses pérégrinations. Pourtant un
autre genre de mss., les dessins qu'il nous a laissés sont
d'un grand secours. L'on découvre ainsi que vers 1804,
un peu avant son mariage, il fréquenta assidûment Mont-
morency, Mortefontaine et tout ce côté des environs de
Paris. Il existe au lavis plusieurs dessins de l'Ermitage.

De même l'examen de diverses notes fragmentaires
nous permet de penser que Ramond ne fut pas étranger
à certains travaux de Dacier sur la littérature allemande,
vers 1803. Ce service naturel entre écrivains, accuse
ici des relations de famille qui sont précieuses pour
orienter les recherches.

Nous lisons à propos de la *Guerre d'Alsace* que *l'opinion* du baron Ramond penche en faveur de l'attribution de cet écrit. Nous pourrions ajouter que, de ce côté seulement, l'on est presque en face d'une certitude. Le volume de la *Guerre d'Alsace* est venu dans la succession de l'écrivain dans des conditions qui lui donnent un caractère d'authenticité égal à celui de tous les papiers de famille qui l'accompagnaient, *Les Aventures du jeune d'Olban*, en particulier, qui sont augmentées de nombreuses notes marginales de la propre main de Ramond.

---

M. Frédéric Masson, dans son étude sur la *Jeunesse de Napoléon* dit que Bonaparte eut connaissance des *Voyages de Coxe*. Il les marqua dans ses cahiers comme fort intéressants. « Et surtous les notes du *traducteur...* » écrit-il.

---

A propos du rôle politique de Ramond — il serait facile de l'établir en compulsant les archives des assemblées révolutionnaires — M. Beraldi lui conteste le titre de « grand orateur ». Cependant nous pourrons nous référer à la phrase, citée par Thiers : Quelqu'un lui disait de se presser, dix-mille hommes assiégeaient les portes de l'Assemblée.

— Et moi, répondit Ramond, vingt-quatre millions de Français m'attendent !

M^me de Staël écrit dans ses *Considérations sur la Révolution française* (t. II, p. 27, éd. de 1818. Paris, Delaunay, Bossange[1] et Masson) :

« Ramond, Mathieu Dumas, Jaucourt, Beugnot, Girar-
« din se distinguaient parmi les constitutionnels : ils
« avaient du courage, de la raison, de la persévérance et
« l'on ne pouvait les accuser d'aucun préjugé aristocra-
« tique. Aussi la lutte qu'ils soutinrent en faveur de la
« monarchie fait infiniment d'honneur à leur conduite
« politique. »

---

1. Bossange était l'éditeur de Ramond.

Un bel et caractéristique passage des *Observations baro-métriques*, n'est-ce point celui-ci :

*La Science a des lieux saints, elle a ses patriarches. Honneur au théâtre des expériences de Pascal! Honneur à cette forte tête qui, en imprimant à ses conceptions et à ses écrits l'imposant caractère des idées nettes et vigoureuses, nous a laissé à la fois et des sujets inépuisables de méditation et d'admirables modèles dans ce bel art d'écrire qui n'est si difficile que parcequ'il est inseparable du grand art de penser.*

Les recherches que nous avons pu entreprendre aux *Archives Nationales* touchant le passage de Ramond dans ses diverses fonctions officielles n'ont pas été sans résultat, grâce à l'obligeance de quelques fonctionnaires de la bibliothèque. On trouvera les principaux documents à la *section moderne,* sous les cotes :

$$+ + \text{F}^\text{I} \text{ B I} \quad 172^2 : 27 \text{ pièces ;}$$

et :

| A F$^\text{IV}$ plaq. | 33, | 11 ventôse, an VIII ; |
|---|---|---|
| — | — 40, | 27 ventôse, an VIII ; |
| — | — 2063, | n° 9 ; |
| — | — 3141, | n° 10 ; |
| — | — 3450, | n° 10 ; |
| — | — 6687, | n° 26 ; |
| — | — 6772, | n° 2, du 5 Janvier. |

Voir en outre le *Moniteur,* n$^\text{os}$ des 10 Juin 1827, 16 et 19 Novembre 1829.

Nous retiendrons particulièrement ce qui concerne le passage de Ramond à la préfecture du Puy-de-Dôme. Ramond fut nommé préfet le 13 mars 1806 en remplacement de M. La Tourette envoyé à Gênes en avancement. En réponse à une lettre de Ramond du 27 Mars, qui sollicitait un délai pour préparer son départ, une lettre du

Ministre de l'intérieur, le 10 Avril, le prie de se hâter. Avait-on hâte de l'éloigner ? Il est probable, du reste d'après une note marginale, que cette lettre ne fut pas envoyée. Ramond fut installé le 30 Mai. M. La Barte, conseiller de préfecture avait fait l'intérim.

Nous avons dit aussi que Napoléon avait voulu envoyer Ramond dans les Pyrénées. Il fut en effet appelé à Tarbes, le 11 Ventôse, an VIII, mais remplacé sur son refus par Bernard Lasnet. Il est plus que probable que si Ramond hésita, au risque d'encourir la disgrâce impériale, c'est qu'il jugeait la place insuffisante. Le Puy-de-Dôme en effet avec ses 505.332 habitants donnait à son préfet un budget (101.900 francs) et un traitement *doubles* de celui de Tarbes (16.000 francs contre 8.000 francs). Ramond fut donc favorisé en obtenant Clermont, une des grosses préfectures de l'Empire.

On a vu comment l'écrivain prit souvent sa situation au sérieux. Nous relevons seulement deux fois le 7 Février 1808 et le 11 Juin 1810 des demandes de congé d'un mois qui sont accordées. Mais le 1er Décembre 1813 Ramond est gravement malade et le congé de quatre mois que nous voyons, mentionné de la main de Napoléon, sera bientôt définitif.

Il écrit le 3 Janvier 1814 : « Mes forces sont usées et à mon âge elles ne se rétabliront guère. » (à Fontanes, pour lui demander une place au Conseil d'Université.)

Enfin, relevons dans l' « acte de tableau », dressé le 4 Novembre 1814 pour obtenir une pension du roy (6.000 francs), les mentions suivantes :

« Naissance 4 janvier 1755 ; *domicile politique : Bagnè-* « *res* ; profession : *homme de lettres* ; un enfant ; 12.000 « francs de revenus (13.000 en 1812) :

« 1777. — Avocat au Conseil général d'Alsace.
« 1781. — Gendarme de la garde du Roy.
« 1791. — Député à la Législative (jusqu'au 17 Septem-
« bre 1792).

« 1796-1800. — Professeur à Tarbes. — Associé de l'Ins-
« titut.
« *Profession constante : les sciences et les lettres.*
« 14 Février 1810. — Baron de l'Empire, sans dotation. »
(Il le fut en réalité du 3 Décembre 1804 avec une quantité
de chambellans, des sœurs de l'Empereur, et d'autres
préfets qui formaient les grandes « fournées » de la
noblesse impériale. Nous avons dit que Ramond était
déjà gentilhomme.)

Notons enfin en 1812 la mort de sa sœur, dans les
Hautes-Pyrénées, qui laissa une jeune fille à sa charge
à laquelle Ramond, lui servant de père, donna pour
époux le géologue Cordier.

Divers :

— A propos d'un passage signalé des *Observations dans
les Pyrénées* (p. 72) l'on pourra consulter le livre du
Dʳ H. M. Fay : *Lépreux et Cagots du Sud-Ouest* (Paris,
Honoré Champion. 1909).

— Les montagnes avoisinant le Mont Perdu ne sont
pas encore toutes bien connues. M. Schrader, l'éminent
géographe, a donné il y a quelques années le nom de
*Soum Ramond* à l'une de ces cimes vierges.

— Pour ceux qui s'intéressent aux méthodes de travail
des écrivains : Ramond travaillait debout à un haut pupi-
tre. Il était extrêmement rangé et sobre dans sa manière
de vivre. Même âgé il était resté grand marcheur et les
jeudis on pouvait le voir se rendant à pied de sa villa
de Puteaux à l'Institut.

FIN DES ADDITIONS

# TABLE DES MATIÈRES

# ERRATA

P. IX, ligne 37, au lieu de : *Guérard*, lisez : *Quérard*.

> ligne ult., au lieu de : *pour suspecte*, lisez : *pourtant pour non sus-*
> *pecte*.

P. XI, ligne 12, au lieu de : *M. Ramond's*, lisez : *M. Ramond*.

P. XIII, ligne 16, au lieu de : *liane*, lisez : *liasse*.

P. XIV, ligne 17, au lieu de : *allemand*, lisez : *allemands*.

P. XV, ligne 9, au lieu de : *pommelée*, lisez : *pommetée*.

> ligne 21, au lieu de : *du Poujat*, lisez : *du Poujet*.

> ligne 22, au lieu de : *les avait trouvés*, lisez : *les avait vraisembla-*
> *blement trouvés*.

> ligne 31, au lieu de : *Raymond*, lisez : *Ra$^y$mond*.

P. 4, note 2, ligne 4, au lieu de : *du Poujat*, lisez : *du Poujet*.

P. 7, note 2, au lieu de : *Heider*, lisez : *Herder*.

P. 20, ligne 8, au lieu de : *witness*, lisez : *witneff*.

P. 29, note 2, ligne 6, au lieu de : *que le goût de la Harpe*, lisez : *de goût*
> *que la Harpe*.

P. 30, note 2, au lieu de : *Jacob Mikaël*, lisez : *Iakob Michaël*.

P. 33, ligne 29, au lieu de : *Erie*, lisez : *Eric*.

P. 36, ligne 24, au lieu de : *Adalbert accompagné*, lisez : *Adalbert déguisé*
> *et accompagné*.

P. 59, ligne penult., au lieu de : *connaissance de Ramond*, lisez : *connais-*
> *sance que Ramond*.

P. 60, note 1, au lieu de : *pena*, lisez : *peña*.

P. 66, ligne 13, au lieu de : *rendu*, lisez : *rendue*.

> ligne 21, au lieu de : *considérais*, lisez : *considérai*.

P. 67, ligne 36, au lieu de : *Palasso*, lisez : *Palassou*.

P. 79, ligne 18, au lieu de : *d'affimation*, lisez : *d'affirmation*.

P. 86, note, au lieu de : *Nécesssire*, lisez : *Nécessaire*.

P. 108, ligne 27, au lieu de : *individus à longue*, lisez : *individus, à longue*.

P. 108, ligne 29, au lieu de : *qu'ils constituent*, lisez : *que ces appétits cons-*
> *tituent*.

*ACHEVÉ D'IMPRIMER A NICE LE VINGT-QUATRE JUIN MIL NEUF CENT DIX, PAR J. VENTRE 15, RUE DE LA PRÉFECTURE POUR "LA REVUE DES LETTRES ○ ○ ○ ET DES ARTS." ○ ○ ○*

# La Revue des Lettres et des Arts

Revue Mensuelle

Parait le 1ᵉʳ de chaque mois

(NOUVELLE SÉRIE — TROISIÈME ANNÉE)

Directeur : **JEAN VEILLON**

Secrétaire de Rédaction :

**JACQUES REBOUL**

## ABONNEMENT ANNUEL

France........... 10 fr. || Union Postale ... 12 fr.

On s'abonne sans frais dans tous les bureaux de poste

PRIX DU NUMÉRO : **1 Franc** — ÉTRANGER : **1 fr. 25**

* *

Toutes les communications intéressant *La Revue* doivent être adressées :

*Pour la partie administrative :*

à M. Jean **VEILLON**, Directeur, 24, Rue Cotta, Nice.
(Téléphone 9-62)

*Pour la rédaction :*

à M. Jacques **REBOUL**,
au Bureau de Paris : 22, rue du Regard (VIᵉ).

EDITIONS

DE

# "LA REVUE DES LETTRES ET DES ARTS"

Général Comte HANNIBAL ZÙ DOHNA : *Napoléon à Falkenstein*, traduit par GEORGES DOUARE.

MANUEL DEVALDÈS : *Han Ryner*.

FERNAND DIVOIRE : *La Malédiction des Enfants*.

JACQUES REBOUL. — *Un Grand Précurseur des Romantiques* : RAMOND (1755-1827).

Ce n'est point la première fois que l'alsacien RAMOND, camarade de Gœthe, est l'objet en France d'une étude. Déjà Sainte-Beuve, et, avant lui, Nodier et Grimm avaient reconnu les mérites exceptionnels de ce « *grand précurseur des Romantiques* ». La savante monographie de M. JACQUES REBOUL est toutefois le premier ouvrage, sans en excepter les deux livres parus récemment en Allemagne, qui réunisse une biographie critique étendue, des citations caractéristiques de l'œuvre, et surtout un index bibliographique dont les lettrés apprécieront la valeur. L'étude de M. Jacques Reboul est, à n'en pas douter, d'un haut intérêt pour l'histoire du romantisme en Europe et en même temps pour la mise au point d'une part des aperçus de notre évolution littéraire.

(Édition de **La Revue des Lettres et des Arts**, Nice.)